W0366625

Prüfungsstoff kompakt

Wissen
für die Abschlussprüfung
10. Klasse

DEUTSCH

Cornelsen

Die Autorinnen
Monika Hochleitner-Prell ist Seminarlehrerin für das Fach Deutsch an der Franz-Xaver-von-Schönwerth-Realschule Amberg und Verfasserin mehrerer Übungsbücher für das Fach Deutsch.

Caroline Schüller ist Lehrerin an der Franz-Xaver-von-Schönwerth-Realschule in Amberg.

Marion Clausen arbeitet seit vielen Jahren als Redakteurin für pädagogische Fachbücher und Unterrichtsmaterialien. Zudem schreibt sie Kindersachbücher und Lernhilfen.

Dieses Werk basiert in Teilen auf dem Band „Pocket Teacher Abi Deutsch"
ISBN 978-3-411-86292-4.

Projektleitung: Stefan Giertzsch, Berlin
Redaktion: Doreen Wilke, Berlin
Umschlaggestaltung: Torsten Lemme, Berlin
Layout/technische Umsetzung: Carola Fuchs, Berlin

Herausgeber: Bibliographisches Institut GmbH, Mannheim
Marketing & Vertrieb: Cornelsen Schulverlage Marketing GmbH, Berlin

1. Auflage 2012

Druck: CPI - Clausen & Bosse, Leck

ISBN 978-3-06-150093-1

Inhalt gedruckt auf säurefreiem Papier aus nachhaltiger Forstwirtschaft.

Inhalt

Vorwort

Liebe Schülerin, lieber Schüler,
dieser Band hilft dir bei der konkreten Vorbereitung auf die Prüfungen zum mittleren Schulabschluss. Selbst wer glaubt, schon fit zu sein, kann hier mit Gewinn noch einmal ein Kapitel lesen und sein Wissen auffrischen. Vor allem aber werden die Zusammenhänge übersichtlich und anschaulich präsentiert. Der Band „Wissen für die Abschlussprüfung 10. Klasse" greift alle zentralen Themen auf, die für die Prüfung zum mittleren Schulabschluss wichtig sind: Texte lesen und verstehen, Erörterung und Textanalyse, Sprache und Sprachentwicklung sowie Literaturepochen und -gattungen. Dieses Wissen ist hier kompakt und verständlich aufbereitet und erleichtert auf diese Weise die Vorbereitung auf die Abschlussprüfung.
Schnelle Hilfe bietet das Stichwortverzeichnis am Ende des Bandes, im Glossar können noch einmal wichtige Begriffe nachgeschlagen werden.

Für die Prüfungen zum mittleren Schulabschluss wünschen wir dir viel Erfolg!

1 Texte schreiben

1.1 Die Erörterung

Die Art der Erörterung bestimmen

Es gibt ein-, zwei- oder dreigliedrige Erörterungen.
Die eingliedrige Erörterung setzt sich nur mit einem Aspekt des Themas auseinander, beispielsweise nur mit den Ursachen für einen bestimmten Sachverhalt.
Die zweigliedrige Erörterung behandelt zwei Seiten einer Thematik, beispielsweise die Chancen und Risiken, die ein Sachverhalt mit sich bringt.
Erkennbar sind zweigliedrige Themen z. B. an folgenden Schlüsselwörtern:

- Vor- und Nachteile
- Probleme und Lösungen
- Ursachen und Folgen
- Nutzen und Schaden
- Beliebtheit und Probleme
- Für und Wider
- Spricht dafür – dagegen
- Chancen und Risiken

Die dreigliedrige Erörterung fragt am Ende in der Regel nach der Meinung des Verfassers, zu der dieser nur kommen kann, wenn er sich vorher beispielsweise mit den Vor- und Nachteilen des Themas auseinandergesetzt hat.

Eingliedrige Erörterungsthemen

BEISPIELE

- Lesen als Freizeitbeschäftigung ist kaum mehr attraktiv. Gehe auf mögliche Ursachen ein.
- Immer wieder kommt es nach Discobesuchen zu Autounfällen. Erörtere, warum die Fahrt mit dem Auto gerade hier so gefährlich ist.

- Aus welchen Gründen führen deiner Meinung nach viele Schulen regelmäßig einen Schüleraustausch durch?

Zweigliedrige Erörterungsthemen

BEISPIELE

- Was erwartest du von deinem zukünftigen Beruf und was verlangt er von dir?
- Zeige auf, dass es der heutigen Jugend in vielerlei Hinsicht gut geht, dass sie aber auch Probleme zu bewältigen hat.

Dreigliedrige Erörterungsthemen

BEISPIELE

- Als Schülerin oder Schüler ein freiwilliges Auslandsjahr absolvieren – was hältst du davon?
- Sollten Jugendliche bereits mit 16 Jahren wählen dürfen? Erörtere.
- Soziale Netzwerke werden immer beliebter. Wie stehst du dazu?

Das Thema analysieren

Die Themenanalyse erfordert ein Vorgehen in mehreren Schritten:

1. Das Thema genau lesen
2. Die Schlüsselbegriffe, das sind die Wörter, die das Thema inhaltlich eingrenzen und so festlegen, unterstreichen
3. Überlegen, ob es sich um ein ein-, zwei- oder dreigliedriges Erörterungsthema handelt
4. Bereits jetzt versuchen, bei den Themen, die als Aussage formuliert sind, eine passende Themafrage für die spätere Gliederung zu formulieren
5. Darauf achten, bei mehrgliedrigen Themen alle Aspekte zu berücksichtigen

Schlüsselbegriffe

BEISPIELE

Thema 1:
Welche Vor- und Nachteile kann ein Ferienjob für Schüler haben?
Die Schlüsselbegriffe sind: Vor- und Nachteile, Ferienjob, Schüler.
Thema 2:
Warum erfreuen sich Soaps im Fernsehen so großer Beliebtheit?
Was ist aus deiner Sicht an Soaps zu kritisieren?
Die Schlüsselbegriffe sind: warum, Soaps im Fernsehen, großer Beliebtheit, aus deiner Sicht, kritisieren.

Thema 3:
Viele Jugendliche träumen von einer Karriere als Popstar. Erörtere mögliche Ursachen.
Die Schlüsselbegriffe sind: viele Jugendliche, Karriere als Popstar, Ursachen.

Das Formulieren der Themafrage

Wenn das Thema als Frage formuliert ist, dann kann es später in der Gliederung fast unverändert übernommen werden. Ist das Thema jedoch als Aussage formuliert, sollte es in eine Themafrage umgewandelt werden.

BEISPIEL

Immer mehr Jugendliche konsumieren regelmäßig alkoholische Getränke. Erörtere Ursachen und Gefahren.

→ Welche Ursachen gibt es dafür, dass Jugendliche immer mehr alkoholische Getränke konsumieren, und welche Gefahren bringt dies mit sich?

BEISPIEL

Ein freiwilliges Betriebspraktikum bietet Chancen, kann aber auch Nachteile mit sich bringen. Erörtere sie.

→ Welche Chancen bietet ein freiwilliges Betriebspraktikum, welche Nachteile können sich ergeben?

Ideen sammeln

Um Ideen zu sammeln, werden alle spontanen Gedanken zum Thema aufgelistet.
Bei dieser Form, die Ideen einfach nur spontan zu Papier zu bringen, ist es hilfreich, für eine zweigliedrige Erörterung zwei getrennte Stichpunktzettel zu benutzen. Jeder Zettel wird mit Ideen zu einer Seite des Themas gefüllt, beispielsweise einer zu den Ursachen, einer zu den Folgen.
Die zweite Möglichkeit ist, eine Liste mit W-Fragen zu erstellen und die entsprechenden Antworten zu ergänzen. Dies kann helfen, das Thema von möglichst vielen verschiedenen Seiten anzugehen.

BEISPIEL

Thema: Ursachen des hohen Alkoholkonsums Jugendlicher

- Wo trinken Jugendliche Alkohol?
  Disco, Kneipe, Privatpartys, Facebook-Partys

- Wer ist betroffen?
  Teenager, Eltern, Freunde
- Welche Arten von alkoholischen Getränken sind besonders beliebt?
  Bier, Schnaps, Alkopops
- Wann trinken Jugendliche Alkohol?
  Volksfest, Kirwa, Geburtstag
- Wozu trinken Jugendliche?
  cool sein, Angabe, Neugier, Vergessen von Sorgen
- Woher bekommen Jugendliche Alkohol?
  Läden, Kneipen, Tankstellen, von Freunden

Den Stoff ordnen

Auch bei der Ordnung der Stoffsammlung empfiehlt sich ein Vorgehen in mehreren Schritten:

1. Nochmaliges aufmerksames Durchlesen der Stichpunkte
2. Überlegen, welche Ideen zwar unterschiedlich formuliert, aber inhaltlich identisch sind
3. Streichen von Doppelungen

Vorsicht:
Stichpunkte, die konkrete Beispiele betreffen, werden bei der Stoffordnung nicht verwendet. Hier geht es zunächst um allgemeine Gedanken. Diese konkreten Beispiele können jedoch später in den auszuarbeitenden Argumenten verwendet werden.

4. Unterstreichen von Ideen, die inhaltlich zusammengehören, sowie Finden passender Oberpunkte
5. Versuchen, die Ideen von den weniger wichtigsten zu den wichtigsten hin zu ordnen, denn das, was am Ende der Erörterung steht, bleibt am längsten im Gedächtnis haften

BEISPIEL für eine ausführliche Stoffsammlung zum Thema
Immer mehr Jugendliche konsumieren regelmäßig Alkohol in großen Mengen. Erörtere mögliche Ursachen.

- Enttäuschung durch Freunde
- Eltern trinken selbst viel Alkohol
- Frust in der Schule
- Mitzieheffekt in der Clique
- Eltern haben wenig Zeit
- Unsicherheit
- Werbung für Alkohol

- kein Ausbildungsplatz
- erwachsen sein
- Scheidung der Eltern
- „Vorbilder“ im Fernsehen
- niemand kontrolliert
- lockerer werden
- vertreibt Langeweile
- Neugier
- cool sein wollen
- Mutprobe
- breites Angebot

TIPP

Begriffsreihen, die helfen, den Stoff inhaltlich zu ordnen, sind z. B.:

- vonseiten des Einzelnen, des Freundeskreises, der Familie, der Gesellschaft
- ideell, materiell
- hinsichtlich des Körpers, des Geistes, der Seele
- wirtschaftlich, politisch, sozial, beruflich, religiös, interkulturell
- für die Pflanzen, die Tiere, die Landschaft, den Menschen
- Maßnahmen zur Vorbeugung, zur Kontrolle

BEISPIEL für das Ordnen der Stoffsammlung oben

Schule/Beruf:	Frust in der Schule
	kein Ausbildungsplatz
Wirtschaft:	niemand kontrolliert
	breites Angebot
Freundeskreis:	Enttäuschung durch Freunde
	Mitzieheffekt in der Clique
	Mutprobe
Familie:	Eltern trinken selbst viel Alkohol
	Eltern haben wenig Zeit
	Scheidung der Eltern
der Jugendliche selbst:	Unsicherheit
	Wunsch, erwachsen zu sein
	Wunsch, lockerer zu werden
	vertreibt Langeweile
	Neugier
	Wunsch, cool zu sein

Eine Gliederung erstellen

Eine Gliederung kann auf konventionelle Art oder als numerische Gliederung erstellt werden. Wichtig ist, eine der beiden Varianten durchgehend beizubehalten.
In beiden Fällen besteht die Gliederung aus drei großen Blöcken:
Einleitung,
Hauptteil,
Schluss.

TIPP

Nominalstil und Verbalstil dürfen nicht vermischt werden!
Nach dem Fertigstellen der Gliederung wird überprüft,

- ob die Formulierungen klar, verständlich und präzise sind.
- ob die Gliederung sprachlich und formal fehlerfrei ist.
- ob die Gliederung eine ordentliche Form aufweist.

Konventionelle Gliederung zum Thema

BEISPIEL

Viele Schüler jobben in ihrer Freizeit. Erörtere Vor- und Nachteile.

A. Immer mehr Jugendliche jobben neben der Schule.
B. Welche Vor- und Nachteile bringt ein Job mit sich?
I. Vorteile des Jobbens
  1. Vorbereitung auf das Berufsleben
    a) Entfaltung eigener Fähigkeiten
    b) Einblick in den Traumberuf
  2. Schritt in Richtung Selbstständigkeit
    a) eigener Verdienst
    b) Übernahme von Verantwortung
II. Nachteile des Jobbens
  1. Fehlende Freizeit
    a) Vernachlässigung des Freundeskreises
    b) wenig Zeit für Hobbys
  2. Probleme in der Schule
    a) absinkende Leistungen
    b) fehlende Hausaufgaben
C. Das Jobben neben der Schule ist nicht jedem Schüler zu empfehlen.

TIPP

Bei einer konventionellen Gliederung ist zu beachten:

- Nach den großen Buchstaben für Einleitung, Hauptteil und Schluss wird ein Punkt gesetzt. Hier muss ein vollständiger Satz formuliert werden.
- Nach römischen und arabischen Zahlen steht ein Punkt.
- Auf Kleinbuchstaben folgt eine Klammer.
- Arabische Zahlen und Buchstaben werden eingerückt.

Numerische Gliederung zum Thema

BEISPIEL

Viele Schüler gehen in ihrer Freizeit einem Job nach. Erörtere Vor- und Nachteile.

A. Immer mehr Jugendliche jobben neben der Schule.
B. Welche Vor- und Nachteile bringt das Jobben in der Freizeit mit sich?
1 Vorteile eines Jobs
1.1 Vorbereitung auf das Berufsleben
1.1.1 Entfaltung eigener Fähigkeiten
1.1.2 Einblick in den Traumberuf
1.2 Schritt in Richtung Selbstständigkeit
1.2.1 Eigener Verdienst
1.2.2 Übernahme von Verantwortung

2 Nachteile eines Jobs
2.1 Fehlende Freizeit
2.1.1 Vernachlässigung des Freundeskreises
2.1.2 Wenig Zeit für Hobbys
2.2 Probleme in der Schule
2.2.1 Absinkende Leistungen
2.2.2 Fehlende Hausaufgaben
C. Das Jobben neben der Schule ist nicht jedem Schüler zu empfehlen.

TIPP

Bei einer numerischen Gliederung ist zu beachten:

- Nach der letzten Ziffer steht kein Punkt.
- Zwischen den einzelnen Ober- und Unterpunkten wird nicht eingerückt.
- Einleitung, Themafrage und Schluss werden auch hier durch Großbuchstaben mit nachfolgendem Punkt gekennzeichnet.

Eine Einleitung verfassen

Für die Einleitung der Erörterung gibt es verschiedene Möglichkeiten bzw. Ausgangspunkte, so z. B.

- den Kernbegriff zu definieren,
- eine aktuelle Begebenheit aufzugreifen,
- ein persönliches Erlebnis/einen persönlichen Gedanken zum Anlass zu nehmen,
- einen gegensätzlichen Gedanken zu formulieren,
- einen Vergleich mit Ähnlichem anzubringen,
- von einem Zitat auszugehen,
- einen historischen Rückblick zu geben,
- statistische Zahlen einzubringen.

Die ausformulierte Einleitung besteht aus dem Einleitungsgedanken, einer Überleitung sowie dem Themasatz bzw. der Themafrage.
In der Einleitung dürfen keine Argumente vorweggenommen werden. Die Einleitung muss sachlich und zielgerichtet zum Thema hinführen. Die verschiedenen Einleitungsmöglichkeiten dürfen nicht miteinander vermischt werden.

Einleitung – aktuelle Begebenheit

BEISPIEL

Vor einigen Tagen erschien in der Mittelbayerischen Zeitung ein Artikel, der von Alkoholexzessen Jugendlicher auf der Regensburger Mai-Dult berichtete.	*Einleitungsgedanke*
Liest man eine derartige Nachricht, so stellt sich die Frage,	*Überleitung*
weshalb immer mehr junge Menschen regelmäßig Alkohol konsumieren und welche Gefahren dieses Verhalten mit sich bringt.	*Themafrage/-satz*

Ausformulierte Einleitungen

BEISPIELE

Sicher gibt es kaum eine Zeit im Jahr, auf die Schüler sich mehr freuen, als die freien Wochen in den Sommerferien.

Dennoch sind jährlich immer mehr Jugendliche auf der Suche nach einem Ferienjob.
Ich möchte daher im Folgenden erörtern, welche Vorteile ein Ferienjob mit sich bringt.

→ **gegensätzlicher Gedanke**

Der Wunsch des Menschen, besonders gepflegt auszusehen, ist nicht neu. Bereits im Alten Ägypten gehörten Schminke und Körperschmuck zum Alltag, vor allem in den gehobenen Gesellschaftsschichten.
Heute wird dieser Wunsch jedoch häufig übertrieben, was sich in einem bisweilen übersteigerten Körperkult zeigt.
Aufgrund dieser Beobachtung drängt sich die Frage auf, welche Ursachen der Schönheitswahn in unserer Gesellschaft hat und welche Gefahren er birgt.

→ **historischer Rückblick**

Erst gestern war in der Zeitung zu lesen, dass die Zahl schwerer Verkehrsunfälle nach Diskothekenbesuchen im Landkreis erneut gestiegen ist. Die Stadt möchte durch den verstärkten Einsatz von Shuttle-Bussen auf diese traurige Entwicklung reagieren, da gerade die Heimfahrt nach Discobesuchen besonders gefährlich zu sein scheint. Die Ursachen für diese Gefahren werden im Folgenden erörtert.

→ **aktuelle Begebenheit**

Neben Nagelstudios eröffnen in zahlreichen Städten immer mehr Tattoo- oder Piercingstudios. Die Kunden dieser Studios sind häufig Jugendliche, die sich eine besondere Art von Körperschmuck wünschen. Aufgrund dieser Beobachtung stellt sich die Frage, weshalb sich bei Jugendlichen gerade Tattoos oder Piercings so großer Beliebtheit erfreuen und welche Probleme dieser Körperschmuck verursachen kann.

→ **Vergleich mit Ähnlichem**

TIPP

Folgende Formulierungen von Überleitungen können hilfreich sein:

- Deshalb stellt sich die Frage ...
- Es drängt sich also die Frage auf ...
- Aufgrund dieser Situation muss man sich überlegen ...
- Daher möchte ich im Folgenden erörtern ...
- In diesem Zusammenhang ist die Frage von Bedeutung ...

Richtig argumentieren

Eine Argumentation (Erörterung/Stellungnahme) besteht aus
- einer Behauptung (These) und
- einer Begründung (Argument) mit konkretem Beispiel/konkreten Beispielen. Manchmal wird auch eine Abrundung oder Schlussfolgerung am Ende des Arguments verlangt.

TIPP

In verschiedenen Büchern findet man oft unterschiedliche Begriffe. Als Argument wird häufig auch eine Behauptung (These) bezeichnet, die mit Erklärungen begründet wird. Jede Erklärung der These kann durch Beispiele (z. B. Erfahrungen, Zitate, Expertenmeinungen) gestützt werden.

Ausformuliertes Argument

BEISPIEL

Viele Jugendliche wollen sich durch Tattoos oder Piercings von der älteren Generation abgrenzen.	*Behauptung* (These)
Auf diese Weise gehen die Teenager mit der aktuellen Mode und distanzieren sich deutlich sichtbar von den in ihren Augen oftmals altmodischen Einstellungen der Eltern. Viele Jugendliche lassen sich z. B. piercen, um sich vom Geschmack der Eltern abzuheben und ihr „Erwachsenwerden" zu zeigen, indem sie ihren eigenen Stil zur Schau stellen.	*Argument/Erklärung* (Begründung)
Die bewusste Abgrenzung von den Eltern mithilfe von Tattoos oder Piercings ist sicher ein wesentlicher Grund dafür, dass Körperschmuck gerade bei jungen Menschen so beliebt ist.	*Abrundung/Schlussfolgerung*

Beim Aufbau der Argumentation ist es möglich, das konkrete Beispiel vor die Begründung zu stellen. Auf diese Weise wird die Erörterung insgesamt abwechslungsreicher, die Argumentation bleibt dennoch überzeugend.
Falls eine Abrundung oder Schlussfolgerung formuliert wird, muss diese unbedingt am Ende des Arguments stehen, da sich sonst kein Sinn ergibt.

TIPP
Auch wenn zur Übung nur einzelne Argumente ausformuliert werden, sollte darauf geachtet werden, welches Argument der Gliederung zufolge vor diesem Argument steht. Bereits von Anfang an sollte ein besonderes Augenmerk auf geeignete Überleitungen zwischen den Argumenten liegen.

Ausformuliertes Argument – Schmerzen

BEISPIEL
Ein weiterer Aspekt ist, dass durch das Piercen oder Tätowieren häufig Schmerzen verursacht werden.
Wenn z. B. beim Piercen ein Loch durch die Haut gestochen wird, können kurzfristig starke Schmerzen entstehen. Auch das Tätowieren ist sehr unangenehm, da mit Nadelstichen Farbe unter die Haut gespritzt wird, was beispielsweise nahe der Wirbelsäule sehr schmerzhaft ist, weil hier auch viele Nervenbahnen verlaufen. Dies zeigt, dass Jugendliche, die sich für diese Art von Körperschmuck entscheiden, durchaus Schmerzen in Kauf nehmen müssen.

Ausformuliertes Argument – Narben/Verstümmelungen

BEISPIEL
Ein Problem bei manchen Arten von Körperschmuck ist das langfristige Zurückbleiben von Narben und Verstümmelungen. Wenn Jugendliche ihr Piercing nicht mehr haben wollen und herausnehmen oder ihre Tätowierung entfernen lassen, können an diesen Stellen Narben oder Verstümmelungen bleiben. Falls man beispielsweise ein Piercing in der Augenbraue hatte, so bleibt nach dessen Entfernung für ca. ein Jahr eine Narbe sichtbar. Großflächige Narben, die ein Leben lang zu sehen sind, können sich bilden, wenn ein Tattoo entfernt wird. An diese möglichen unangenehmen Folgen sollten Jugendliche denken, wenn sie den Wunsch nach Körperschmuck äußern.

Überzeugend formulieren

Damit die Erörterung auch sprachlich überzeugt, müssen stilistische Schwächen vermieden werden.

Dazu gehört/gehören

- umgangssprachliche Ausdrücke
- die häufige Verwendung von *man*
- der Nominalstil innerhalb der Argumente
- subjektive Wertungen
- Verallgemeinerungen/Übertreibungen

Stattdessen wird/werden

- die Hochsprache verwendet.
- das Wörtchen *man* durch präzisere Ausdrücke ersetzt.
- der Nominalstil aufgelöst, indem der Verbalstil verwendet wird.
- Formulierungen gestrichen, die die eigene Meinung zum Ausdruck bringen.
- statt Verallgemeinerungen oder Übertreibungen abschwächende Wörter benutzt, wie beispielsweise *oft, viele, nicht selten ...*

Nach dem Fertigstellen des Aufsatzes wird er nochmals sorgsam gelesen. Dabei sind nicht nur Rechtschreibung und Grammatik zu beachten, auch die Formulierungen sollten geprüft werden. Schwächen im Ausdruck müssen überarbeitet werden, da sie den Argumenten viel an Überzeugungskraft nehmen und sich auf die Bewertung der Gesamterörterung negativ auswirken.

Zu verbessernde Argumente

BEISPIELE

Argument 1:

Auf Skipässe wird Preisnachlass gewährt. Wenn man für eine Gruppe Skipässe kauft, so sind diese billiger als beim Einzelkauf eines Passes.
☹ Verallgemeinerung
Da für den Verkäufer mehrere verkaufte Karten logischerweise einen Vorteil darstellen, gibt es häufig Prozente in Form eines Gruppenrabatts. ☹ subjektive Wertung
Großgruppen oder Schulklassen bekommen die Karten demnach in der Regel günstiger als eine Einzelperson.

Argument 2:
Im Normalfall beeinflusst eine Woche, die man zusammen mit seinen Klassenkameraden verbringt, die Klassengemeinschaft sehr positiv. Nicht selten entstehen auf diese Weise also Freundschaften mit Klassenkameraden, die man vorher nicht so gut kannte, mit denen man aber nach der Woche im Winterurlaub viel gemeinsam unternimmt.
☹ häufige Verwendung von *man*

Gedanken sinnvoll miteinander verknüpfen
Die Erörterung erscheint am Ende als geschlossener Text, die einzelnen Teile stehen nicht als isolierte Blöcke nebeneinander. Deshalb ist es wichtig, die Gedanken sinnvoll miteinander zu verknüpfen, indem geeignete Überleitungen formuliert werden.
Überleitungen stehen
- zwischen Einleitung, Hauptteil und Schluss.
- zwischen einzelnen Argumenten oder Argument und Beispiel.
- vor der Schlussfolgerung.

Als Überleitungen dienen **Konjunktionen** und **feststehende sprachliche Wendungen.**

Konjunktionen
BEISPIELE
andererseits, daher, jedoch, deshalb, dagegen, da, allerdings, weil, zudem, dennoch, auch, obwohl

Sprachliche Wendungen
BEISPIELE
Zwischen verschiedenen Teilbereichen:
→ Zunächst einmal sollen die verschiedenen Ursachen erörtert werden ...
→ Neben den Vorteilen darf jedoch nicht vergessen werden, auch Nachteile zu nennen.
→ Zwar bieten ... zahlreiche Chancen, die Risiken müssen jedoch auch erwähnt werden.
→ Die gesellschaftlichen Aspekte spielen eine wichtige Rolle, noch bedeutsamer sind jedoch die persönlichen Aspekte.
→ Als Erstes ist anzumerken ...
→ Daneben ist zu nennen ...
→ Beachtenswert ist auch ...

- → Man darf daneben nicht vergessen ...
- → Wichtig ist außerdem ...
- → Man sollte auch bedenken, dass ...
- → Den entscheidenden Aspekt stellt ... dar.

Zwischen Argument und Beispiel:

- → Ein Beispiel dafür ist ...
- → Hier zeigt sich besonders deutlich ...

Vor Schlussfolgerungen:

- → Dies bedeutet ...
- → Deutlich wird dies ...
- → Daraus kann man folgern ...
- → Das heißt also ...

TIPP

Die genannten Wendungen können durchaus auswendig gelernt werden, wenn Schwierigkeiten beim Formulieren bestehen. Allerdings müssen die Wendungen in den Zusammenhang des Textes passen.

Überleitungen

BEISPIELE

Neben den genannten Vorteilen, die ein Job bietet, müssen jedoch auch die Nachteile beachtet werden.

Dass sie durch das Jobben nicht mehr ausreichend Zeit für ihre Freunde haben, stört viele Schüler sehr, auch Hobbys kommen wegen des Jobs oft zu kurz.

Zu den Problemen, die jobbende Schüler haben, zählen zunächst die absinkenden Leistungen.

Den Schluss schreiben

Der Schluss rundet die Erörterung ab und darf deshalb nicht ohne Bezug zu Einleitung und Hauptteil stehen.
Es gibt – ebenso wie bei der Einleitung – verschiedene Möglichkeiten, den Schluss zu gestalten:

- eine persönliche Stellungnahme
- die Formulierung eines Wunsches
- eine Art Zusammenfassung der genannten Erklärungen/Argumente
- eine Schlussfolgerung, die aus den Gedanken des Hauptteils abgeleitet wird

- eine Einschränkung des Erörterungsthemas, d. h. ein alternativer Gedanke/ein Kompromissvorschlag

Der Schluss ist der letzte Eindruck, den der Leser von der Erörterung bekommt. Er ist aussagekräftig und präzise zu formulieren. Er darf nicht zu kurz sein und auf keinen Fall neue Argumente enthalten!
In der Gliederung wird der Schlussgedanke nach C. als ganzer Satz formuliert.

Schlussvarianten

BEISPIELE

Die Gefahren, die ein Piercing oder Tattoo mit sich bringen kann, sind demnach nicht zu unterschätzen. Dennoch ist der Wunsch vieler Jugendlicher nach einer besonderen Art von Körperschmuck verständlich. Eine mögliche Alternative wäre es, zu weniger gefährlichen Varianten zu greifen, etwa zu Henna-Tattoos. Diese Tattoos werden aufgemalt, das Stechen mit Nadeln entfällt. Auch wenn das Tattoo nicht mehr gefällt, lässt es sich relativ leicht wieder entfernen, ohne dass Narben zurückbleiben.

→ **alternativer Gedanke**

Abschließend ist festzustellen, dass das Jobben neben der Schule ähnlich viele Vor- wie Nachteile mit sich bringt. Eine Empfehlung, die für alle Schüler gilt, ist deshalb nicht möglich. Meiner Meinung nach sollten nur die Schüler mit dem Gedanken spielen, zusätzlich zur Schule einen Job auszuüben, die in der Schule wenig Probleme haben und sich mit dem Lernen leicht tun. Sie werden wohl durch das Jobben tatsächlich Vorteile haben. Allen anderen Schülern würde ich raten, sich lieber auf die Schule zu konzentrieren, da gerade heute gute Noten für das Finden eines Ausbildungsplatzes unerlässlich sind.

→ **persönliche Stellungnahme**

Es zeigt sich insgesamt sehr deutlich, dass ein Schüleraustausch für die teilnehmenden Klassen große Vorteile bietet.
Leider gibt es jedoch zahlreiche Schulen, an denen ein derartiges Austauschprogramm nicht stattfindet.
Wünschenswert wäre es, wenn tatsächlich jeder Schüler zumindest einmal im Laufe seiner Schulzeit die Möglichkeit bekäme, an einem Schüleraustausch teilzunehmen.

→ **Formulierung eines Wunsches**

Die Erörterung überarbeiten

Nach dem Schreiben des Aufsatzes sollte er auf folgende Kriterien hin nochmals überprüft werden:

- Ist das Thema richtig analysiert?
- Sind bei zwei- oder dreigliedrigen Erörterungsthemen tatsächlich alle Aspekte des Themas aufgegriffen worden?
- Ist die Gliederung formal richtig, sauber und ansprechend?
- Wurden in der Gliederung Nominal- oder Verbalstil durchgehend verwendet?
- Erscheinen die Teile A., B. und C. in der Gliederung als ganze Sätze?
- Führt die Einleitung zielgerichtet zum Thema hin?
- Ist am Ende der Einleitung die Themafrage richtig formuliert?
- Finden sich innerhalb des Aufsatzes Überleitungen zwischen Einleitung, Hauptteil und Schluss?
- Sind Oberpunkt und Oberpunkt, Argument und Argument miteinander verbunden, und wurden sinnvoll begründende Überleitungen geschaffen?
- Rundet der Schluss die Erörterung geeignet ab?
- Stimmt die Ausarbeitung mit der Gliederung überein?
- Finden sich Schwächen im Ausdruck?
- Wurde auf korrekte Rechtschreibung, Grammatik und Zeichensetzung geachtet?

1.2 Die Textanalyse

Die Einleitung verfassen

In die Einleitung zu einem textgebundenen Aufsatz gehören in der Regel die folgenden Informationen:

- Titel des Textes
- Name des Autors
- Textsorte
- Quellenangabe (Erscheinungsort und -datum)
- Basisinformation/Kernsatz (eine Inhaltszusammenfassung in ein bis zwei Sätzen)

Falls Informationen zum Leben und Werk des Autors bekannt sind, können sie knapp formuliert in die Einleitung aufgenommen werden.

Für den Fall, dass eine bestimmte Information (z. B. Quellenangabe) nicht gegeben ist, wird sie weggelassen.

Einleitung

BEISPIEL

Der Verfasser der Kurzgeschichte ***(Textsorte)*** *„Die Kirschen"* ***(Titel)*** *ist Wolfgang Borchert. Borchert lebte von 1921 bis 1947 und schrieb zahlreiche Texte, in denen sich seine Erfahrungen während des Krieges und in der unmittelbaren Nachkriegszeit spiegeln* ***(Zusatzinformation).*** *Der vorliegende Text ist dem Band „Die traurigen Geranien und andere Geschichten aus dem Nachlass" entnommen, der 1967 von Peter Rühmkorf im Rowohlt Verlag Hamburg herausgegeben wurde* ***(Quelle).*** *Die Kurzgeschichte handelt von einem kranken Jungen, der zunächst seinem Vater unterstellt, die als Medizin gegen das Fieber gedachten Kirschen gegessen zu haben, dann aber erkennt, dass er dem Vater Unrecht getan hat* ***(Basisinformation).***

Textgrundlage: ***Wolfgang Borchert „Die Kirschen"***

Nebenan klirrte ein Glas. Jetzt isst er die Kirschen auf, die für mich sind, dachte er. Dabei habe ich das Fieber. Sie hat die Kirschen extra vors Fenster gestellt, damit sie ganz kalt sind. Jetzt hat er das Glas hingeschmissen. Und ich hab das Fieber.

Der Kranke stand auf. Er schob sich die Wand entlang. Dann sah er durch die Tür, dass sein Vater auf der Erde saß. Er hatte die ganze Hand voll Kirschsaft.

Alles voll Kirschen, dachte der Kranke, alles voll Kirschen. Dabei sollte ich sie essen. Ich hab doch das Fieber. Er hat die ganze Hand voll Kirschsaft. Die waren sicher schön kalt. Sie hat sie doch extra vors Fenster gestellt für das Fieber. Und er isst mir die ganzen Kirschen auf. Jetzt sitzt er auf der Erde und hat die ganze Hand davon voll. Und ich hab das Fieber. Und er hat den kalten Kirschsaft auf der Hand. Den schönen kalten Kirschsaft. Er war bestimmt ganz kalt. Er stand doch extra vorm Fenster. Für das Fieber.

Er hielt sich am Türdrücker. Als der quietschte, sah der Vater auf. Junge, du musst doch zu Bett. Mit dem Fieber, Junge. Du musst sofort zu Bett.

Alles voll Kirschen, flüsterte der Kranke. Er sah auf die Hand. Alles voll Kirschen.

Du musst sofort zu Bett, Junge. Der Vater versuchte aufzustehen und verzog das Gesicht. Es tropfte von seiner Hand.

Alles Kirschen, flüsterte der Kranke. Alles meine Kirschen. Waren sie kalt?, fragte er laut. Ja? Sie waren doch sicher schön kalt, wie? Sie hat sie doch extra vors Fenster gestellt, damit sie ganz kalt sind. Damit sie ganz kalt sind.

Der Vater sah ihn hilflos von unten an. Er lächelte etwas. Ich komme nicht wieder hoch, lächelte er und verzog das Gesicht. Das ist doch zu dumm, ich komme buchstäblich nicht wieder hoch.

Der Kranke hielt sich an der Tür. Die bewegte sich leise hin und her bei seinem Schwanken. Waren sie schön kalt?, flüsterte er, ja?

Ich bin nämlich hingefallen, sagte der Vater. Aber es ist wohl nur der Schreck. Ich bin ganz lahm, lächelte er. Das kommt von dem Schreck. Es geht gleich wieder. Dann bring ich dich zu Bett. Du musst ganz schnell zu Bett. Der Kranke sah auf die Hand.

Ach, das ist nicht so schlimm. Das ist nur ein kleiner Schnitt. Das hört gleich auf. Das kommt von der Tasse, winkte der Vater ab. Er sah hoch und verzog das Gesicht. Hoffentlich schimpft sie nicht. Sie mochte gerade diese Tasse so gern. Jetzt hab ich sie kaputt gemacht. Ausgerechnet diese Tasse, die sie so gern mochte. Ich wollte sie ausspülen, da bin ich ausgerutscht. Ich wollte sie nur ein bisschen kalt ausspülen und deine Kirschen da hinein tun. Aus dem Glas trinkt es sich so schlecht im Bett. Das weiß ich noch. Daraus trinkt es sich ganz schlecht im Bett. Der Kranke sah auf die Hand. Die Kirschen, flüsterte er, meine Kirschen?

Der Vater versuchte noch einmal, hochzukommen. Die bring ich dir gleich, sagte er. Gleich, Junge. Geh schnell zu Bett mit deinem Fieber. Ich bring sie dir gleich. Sie stehen noch vorm Fenster, damit sie schön kalt sind. Ich bring sie dir sofort.

Der Kranke schob sich an der Wand zurück zu seinem Bett. Als der Vater mit den Kirschen kam, hatte er den Kopf tief unter die Decke gesteckt.

Aus: Wolfgang Borchert: Die traurigen Geranien und andere Geschichten aus dem Nachlass, hrsg. von Peter Rühmkorf, Reinbek bei Hamburg: Rowohlt 1967

Inhalte zusammenfassen

Wesentliche Informationen eines Textes werden knapp zusammengefasst, sodass auch jemand, der den Originaltext nicht gelesen hat, in der Lage ist, dessen Inhalt nachzuvollziehen.

Die folgenden Schritte sind bei der Vorbereitung einer Inhaltszusammenfassung hilfreich:

- Der Text wird aufmerksam durchgelesen.
- Sinnabschnitte bzw. Handlungsschritte werden festgelegt und im Text gekennzeichnet.
- Innerhalb der Abschnitte werden wenige aussagekräftige Schlüsselbegriffe gesucht und im Text markiert.
- Jeder Abschnitt wird mit einer Überschrift versehen bzw. sein Inhalt wird in ein oder zwei Sätzen formuliert.
- Anschließend wird die Inhaltsangabe im Präsens verfasst.
- Die wörtliche Rede darf nicht verwendet werden! Sie muss in die indirekte Rede umgewandelt werden.

Eine Inhaltszusammenfassung vorbereiten

BEISPIEL

Nebenan klirrte ein Glas. Jetzt isst er die Kirschen auf, die für mich sind, dachte er. Dabei habe ich das Fieber. Sie hat die Kirschen extra vors Fenster gestellt, damit sie ganz kalt sind. Jetzt hat er das Glas hingeschmissen. Und ich hab das Fieber.	Der Junge hört, wie ein Glas zerbricht.
Der Kranke stand auf. Er schob sich die Wand entlang. Dann sah er durch die Tür, dass sein Vater auf der Erde saß. Er hatte die ganze Hand voll Kirschsaft. Alles voll Kirschen, dachte der Kranke, alles voll Kirschen. Dabei sollte ich sie essen. Ich hab doch das Fieber. Er hat die ganze Hand voll Kirschsaft. Die waren sicher schön kalt. Sie hat sie doch extra vors Fenster gestellt für das Fieber. Und er isst mir die ganzen Kirschen auf. Jetzt sitzt er auf der Erde und hat die ganze Hand davon voll. Und ich hab das Fieber. Und er hat den kalten Kirschsaft auf der Hand. Den schönen kalten Kirschsaft. Er war bestimmt ganz kalt. Er stand doch extra vorm Fenster. Für das Fieber.	Er entdeckt das „Vergehen“ des Vaters.
Er hielt sich am Türdrücker. Als der quietschte, sah der Vater auf. Junge, du musst doch zu Bett.	Der am Boden sitzende Vater

Mit dem Fieber, Junge. Du musst sofort zu Bett. Alles voll Kirschen, <u>flüsterte</u> der Kranke. Er sah auf die Hand. Alles voll Kirschen.
Du musst sofort zu Bett, Junge. Der <u>Vater versuchte aufzustehen</u> und verzog das Gesicht. Es <u>tropfte von seiner Hand.</u>
Alles Kirschen, flüsterte der Kranke. <u>Alles meine Kirschen.</u> Waren sie kalt?, <u>fragte er laut.</u> Ja? Sie waren doch sicher schön kalt, wie? Sie hat sie doch extra vors Fenster gestellt, damit sie ganz kalt sind. Damit sie ganz kalt sind.
<u>Der Vater</u> sah ihn <u>hilflos</u> von unten an. Er lächelte etwas. <u>Ich komme nicht wieder hoch,</u> lächelte er und verzog das Gesicht. Das ist doch zu dumm, ich komme buchstäblich nicht wieder hoch.
Der Kranke hielt sich an der Tür. Die bewegte sich leise hin und her bei seinem Schwanken. Waren sie schön kalt?, flüsterte er, ja?

bemerkt den kranken Sohn und will ihn wieder ins Bett zurückschicken.

Ich <u>bin nämlich hingefallen,</u> sagte der Vater. Aber es ist wohl nur der Schreck. Ich bin ganz lahm, lächelte er. Das kommt von dem Schreck. Es geht gleich wieder. Dann bring ich dich zu Bett. Du musst ganz schnell zu Bett. Der Kranke sah auf die Hand.
Ach, das ist nicht so schlimm. Das ist nur ein <u>kleiner Schnitt.</u> Das hört gleich auf. Das kommt von der <u>Tasse,</u> winkte der Vater ab. Er sah hoch und verzog das Gesicht. Hoffentlich schimpft sie nicht. Sie mochte gerade diese Tasse so gern. Jetzt hab ich sie <u>kaputt</u> gemacht. Ausgerechnet diese Tasse, die sie so gern mochte. Ich wollte sie <u>ausspülen,</u> da bin ich <u>ausgerutscht.</u> Ich wollte sie nur ein bisschen kalt ausspülen und deine Kirschen da hinein tun. <u>Aus dem Glas trinkt es sich so schlecht im Bett.</u> Das weiß ich noch. Daraus trinkt es sich ganz schlecht im Bett.

Der Vater versucht, die Situation zu erklären.

Der Kranke sah auf die Hand. Die Kirschen, flüsterte er, meine Kirschen?
Der Vater versuchte noch einmal, hochzukommen. Die bring ich dir gleich, sagte er. Gleich, Junge. Geh schnell zu Bett mit deinem Fieber. Ich bring sie dir gleich.

Sie stehen noch vorm Fenster, damit sie schön kalt sind. Ich bring sie dir sofort.
Der Kranke schob sich an der Wand zurück zu seinem Bett. Als der Vater mit den Kirschen kam, hatte er den Kopf tief unter die Decke gesteckt.

Der Junge erfährt, dass die Kirschen immer noch vor dem Fenster stehen.
Der Sohn erkennt seinen Irrtum und schämt sich.

Inhaltszusammenfassung

BEISPIEL

Ein fiebernder Kranker hört, wie ein Glas zerbricht. Er verlässt das Bett und beobachtet zunächst heimlich seinen Vater, der auf dem Boden sitzt und nach Ansicht des Kranken an der Hand Kirschsaft hat. Immer wieder denkt sich der Kranke, dass es doch seine Kirschen gewesen seien, die von ihr, wahrscheinlich der Mutter, extra zum Abkühlen vor das Fenster gestellt worden waren und als Medizin gegen das Fieber dienen sollten. Zuerst in Gedanken, dann flüsternd und schließlich laut fragt er den Vater, ob die Kirschen schön kalt gewesen seien. Der Vater versucht, den fiebernden Kranken dazu zu bewegen, ins Bett zurückzukehren. Er erklärt, dass er eine Tasse, die nun zerbrochen ist, ausspülen wollte, um anschließend die Kirschen für den Kranken hineinzufüllen und ihm diese ans Bett zu bringen. Dass er auf dem Boden sitzt und zunächst nicht wieder aufstehen kann, führt der Vater auf den Schrecken über die Schnittwunde an seiner Hand zurück.
Der Vater verspricht schließlich, dem Sohn die Kirschen, die noch immer vor dem Fenster stehen, gleich zu bringen. Der Kranke erkennt seinen Irrtum, dass es sich bei der roten Flüssigkeit an der Hand des

Vaters nicht um Kirschsaft, sondern um Blut handelt, kehrt ins Bett zurück und verbirgt sein Gesicht unter der Decke, als der Vater schließlich das Zimmer betritt.

Die innere Struktur eines Textes erkennen

„Die Kirschen" von Wolfgang Borchert ist eine Kurzgeschichte.
Die Merkmale der Kurzgeschichte sind:

- unvermittelter Einstieg in die Handlung, keine Hinführung durch eine Einleitung, die die W-Fragen beantwortet
- „gewöhnliche" Personen des Alltags, keine besonderen Helden, oft sogar Menschen, die sich in einer Außenseiterrolle befinden
- ein Alltagsgeschehen
- Darstellung eines kurzen Zeitraums aus dem Leben einer Person
- Steigerung des Handlungsverlaufs auf einen Höhepunkt hin
- häufiges Zusammentreffen von Höhepunkt und Wendepunkt des Geschehens
- offener Schluss, der zum Nach- bzw. Weiterdenken anregt

Nicht immer treffen alle Merkmale auf eine Kurzgeschichte zu. Im Fall von „Die Kirschen" finden sich alle Merkmale im Text wieder.

Strukturierte Inhaltszusammenfassung

BEISPIEL

Der Leser wird von Borchert unvermittelt mit der Situation konfrontiert, dass zu hören ist, wie ein Glas zerbricht. Der Kranke, die Hauptperson der Geschichte, ist sicher, dass sein Vater die Kirschen aus dem zerbrochenen Glas isst, die eigentlich als Medizin gegen sein Fieber gedacht waren. Eine Person, die nur „sie" genannt wird, hat die Kirschen zum Abkühlen vor das Fenster gestellt. Die Handlung steigert sich allmählich, da der kranke Junge zunächst heimlich den Vater beobachtet, der offenbar mit Kirschsaft an den Händen auf dem Boden sitzt. Als die Tür quietscht, bemerkt der Vater, dass er beobachtet wird, er entdeckt seinen fiebernden Sohn ...

Richtig zitieren

Teile eines Textes, die wörtlich übernommen werden, stehen in Anführungszeichen und werden als Zitat bezeichnet.

- Im Anschluss an die Anführungszeichen am Ende des Zitats gibt man in **runden Klammern** die entsprechende(n) Zeile(n) an, in der/denen das Zitat im Originaltext zu finden ist. Erstreckt sich das Zitat über zwei aufeinander folgende Zeilen, wird die Zeile des Zitatbeginns angegeben und – wie im Beispiel unten – dahinter **f.** (für „folgende“) geschrieben. Handelt es sich um mehrere aufeinander folgende Zeilen, so kann nach der Angabe der ersten Zitatzeile auch **ff.** stehen.

- **Der Schlusspunkt des Satzes** steht erst **hinter der Klammer.**
- **Fragezeichen** oder **Ausrufezeichen** stehen **vor den Anführungszeichen am Ende des Zitats.**
- Wenn innerhalb eines Zitats Teile weggelassen werden, kennzeichnet man diese **Auslassung** durch [...]. Es darf jedoch nicht zu viel weggelassen werden, der Sinn des Zitats muss in jedem Fall noch erhalten bleiben.

TIPP

Gelegentlich gibt es Texte, die in alter Rechtschreibung belassen wurden. Zitate aus diesen Texten müssen buchstabengetreu sein, d. h., sie bleiben in der alten Rechtschreibung bestehen.

Möglichkeiten, Zitate in einen Text einzubauen

BEISPIELE

→ Das Zitat ist ein Teil des Satzes, es kann am Anfang, in der Mitte oder am Ende des Satzes stehen.

„Nebenan klirrte ein Glas. Jetzt isst er die Kirschen auf, die für mich bestimmt sind, dachte er. Dabei habe ich das Fieber“ (Z. 1 f.) versetzt den Leser ohne Einleitung direkt ins Geschehen der Geschichte.

Mit den Sätzen „Nebenan klirrte ein Glas. Jetzt isst er die Kirschen auf, die für mich bestimmt sind, dachte er. Dabei habe ich das Fieber“ (Z. 1 f.) versetzt Borchert den Leser ohne Einleitung direkt ins Geschehen der Geschichte.

Wolfgang Borchert versetzt den Leser ohne Einleitung direkt in die Anfangssituation der Geschichte „Nebenan klirrte ein Glas. Jetzt isst er die Kirschen auf, die für mich bestimmt sind, dachte er. Dabei habe ich das Fieber“ (Z. 1 f.).

→ Der zitierte Satz folgt einem hinführenden Begleitsatz:

Der Vater beschwört den Sohn: „Junge, du musst doch zu Bett. Mit dem Fieber, Junge. Du musst sofort zu Bett“ (Z. 16 f.).

→ Einzelne Wörter oder Wortgruppen werden zitiert:
Borchert verwendet zahlreiche Wiederholungen in seiner Kurzgeschichte: „Alles voll Kirschen, dachte der Kranke, alles voll Kirschen“ (Z. 8), „Alles Kirschen, flüsterte der Kranke. Alles meine Kirschen“ (Z. 22).

→ Überschriften, Buchtitel oder Namen von Zeitungen bzw. Zeitschriften sind streng genommen keine Zitate, doch auch sie werden in Anführungszeichen gesetzt, jedoch ohne Zeilenangabe.
Wolfgang Borchert, der Verfasser der Kurzgeschichte „Die Kirschen“, schrieb unter anderem auch „Die Küchenuhr“ und „Nachts schlafen die Ratten doch“.

TIPP
Eine Textanalyse wird grundsätzlich in eigenen Worten formuliert und nicht aus dem Originaltext kopiert. Wenn die Aufgabenstellung jedoch lautet, dass beispielsweise Textsortenmerkmale oder sprachliche Besonderheiten am Originaltext zu belegen sind, dann müssen diese Belege entsprechend gekennzeichnet, buchstabengetreu aus dem Originaltext übernommen und mit Zeilenangaben versehen sein.

Figuren charakterisieren

Die Charakterisierung einer Figur erfordert das Zusammentragen von Informationen über das Äußere der Figur sowie zu ihrem Inneren.
Informationen zum Äußeren sind beispielsweise:

- Name
- Alter
- Aussehen
- Beruf
- Familienkonstellation (Geschwister etc.)

Informationen zum Inneren können aufgegliedert werden in:

- Gedanken
- Gefühle
- Wünsche
- Verhaltensweisen
- Erfahrungen

Es wird unterschieden zwischen Verhaltensweisen, die eine Figur wahrscheinlich nur aufgrund einer bestimmten Situation zeigt, und solchen, die wohl dauerhaft in ihr angelegt sind.

Die Zeitstufe einer Charakterisierung ist das Präsens. Die Charakterisierung ist in den inhaltlichen Zusammenhang der Geschichte eingebettet. Als Textbelege dienen Zitate mit Zeilenangaben oder bloße Zeilenangaben. Sie dienen als „Beweise“ für die getroffenen Aussagen.
Informationen zum Äußeren und Inneren einer Person können im Text explizit genannt werden, dies muss aber nicht immer der Fall sein.
Häufig lassen sich Rückschlüsse daraus ziehen, wie die Reaktionen anderer Menschen im Text auf die zu charakterisierende Person ausfallen, wie sie beispielsweise über diese Person sprechen und denken. Auch Aussagen, die vom Protagonisten selbst gemacht werden, können bei einer Charakterisierung helfen.

BEISPIEL

W. Bochert: „Die Kirschen“

Charakterisierung des Vaters

Der Vater ist ein Mann, der sich liebevoll um das Wohlergehen seines kranken Sohnes kümmert. Dies zeigt sich deutlich daran, dass er immer wieder besorgt versucht, den fiebernden Jungen dazu zu bewegen, ins Bett zurückzugehen, und ihm verspricht, die Kirschen gleich zu bringen. Beim Ausspülen der Tasse hat der Vater diese versehentlich zerbrochen, weshalb er sich nun Sorgen macht, dass „sie“ – vielleicht seine Frau – schimpfen könnte, weil es ihre Lieblingstasse war. Er fühlt sich schuldig und hat ein schlechtes Gewissen, vielleicht sogar etwas Angst. Dem Vater liegt demzufolge viel an einer guten Beziehung zu seinen nächsten Mitmenschen, er möchte sie nicht enttäuschen.
Aus diesem Grund spielt er auch seine offensichtlichen Schmerzen herunter, er versucht mit einem Lächeln die Situation abzuschwächen, sicher auch deshalb, weil es ihm peinlich ist, verletzt vor seinem Sohn auf der Erde zu sitzen und Schwierigkeiten beim Aufstehen zu haben.
Die Hilflosigkeit des Vaters drückt sich dadurch aus, dass er sehr viel spricht und seinem Sohn zu erklären versucht, weshalb er auf dem Boden sitzt. Dass der Sohn nicht erkennt, dass es sich bei der roten Flüssigkeit auf der Hand des Vaters um Blut und nicht um Kirschsaft handelt, entgeht dem Vater zunächst.
Das Wohlergehen des Sohnes steht für ihn an erster Stelle, die enge Beziehung des Vaters zum Sohn kommt letztlich auch darin zum Ausdruck, dass der Vater sich in die Situation des kranken Sohnes einfühlt, indem er sich daran erinnert, wie schwierig es ist, im Bett liegend aus einem Glas zu trinken.

Charakterisierung des Sohnes

Der Sohn ist krank, er hat Fieber. Aus diesem Zustand leitet er den Anspruch ab, dass die Kirschen, die sein Vater seiner Meinung nach gegessen hat, ihm allein zustehen. Er sieht den Vater als Gegenspieler, da er es ist, der ihm die Kirschen wegisst, die als Medizin gegen das Fieber gedacht sind und extra von ihr – vielleicht der Mutter – zum Abkühlen vor das Fenster gestellt worden sind.

Im Verlauf der Geschichte steigert sich der Sohn immer mehr in die Vorstellung hinein, dass der Vater ihm Unrecht tut. Dies zeigt sich daran, dass der Sohn zuerst nur in Gedanken den Vater beschuldigt, dann flüstert und schließlich laut nachfragt, ob die Kirschen auch schön kalt gewesen seien. Ob dieses Hineinsteigern durch das Fieber begründet ist oder dem Charakter des Kranken entspricht, bleibt offen.

Als der Vater die Situation erklärt, kommt der Sohn zunehmend ins Zweifeln, das ist erkennbar an der Tatsache, dass der Kranke nur noch flüstert und auch keine Aussage mehr trifft, sondern die Frage stellt, ob es seine Kirschen gewesen seien.

Am Ende der Geschichte erkennt der Sohn seinen Irrtum, was jedoch nicht explizit im Text ausgesagt wird. Das Gefühl der Scham nach dieser Erkenntnis wird verdeutlicht, wenn der Leser erfährt, dass der Kranke seinen Kopf tief unter die Decke steckt.

Merkmale des Erzählens analysieren

Es gibt verschiedene **Erzählperspektiven:**

Er-/Sie-Form

- Der Leser erfährt (nahezu) nichts über den Erzähler.
- Der Erzähler hat die Funktion, die Geschichte zu übermitteln und Ereignisse zu kommentieren.
- Sowohl äußere Beobachtungen als auch innere Regungen, Empfindungen, Gefühle, Gedanken der Figuren werden durch den Erzähler an den Leser weitergegeben, man nennt ihn deshalb auch *allwissenden Erzähler.*

Ich-Form

- Der Erzähler übermittelt die Geschichte, die er gleichzeitig selbst erlebt.
- Je nach Geschichte sind die Positionen des Übermittelns und Erlebens mehr oder weniger deutlich voneinander getrennt.

TIPP

Wenn nicht, wie in manchen Texten, zweifelsfrei geklärt ist, dass Ich-Erzähler/Ich-Erzählerin und Autor/Autorin dieselbe Person sind, dann wird der Begriff Ich-Erzähler/Ich-Erzählerin verwendet!

Es gibt verschiedene **Formen des Erzählverhaltens:**

auktorial

- Der Erzähler greift in den Erzählvorgang ein.
- Kommentare, Andeutungen zu zukünftigem Geschehen oder Hinweise auf Vergangenes „führen" den Leser durch die Handlung.

personal

- Erzählt wird aus der Sicht einer Person, manchmal auch wechselnd aus der Sicht mehrerer Personen.
- Der Erzähler kommentiert nicht, er bleibt sozusagen „innerhalb" der Person(en) und kann nur das wiedergeben, was die(se) Person(en) erleben, fühlen etc.

neutral

- Die Handlung wird sachlich beschrieben oder berichtet.
- Kommentare fehlen.

Es gibt verschiedene **Formen der Darbietung:**

Erzählbericht

- Der Erzähler vermittelt dem Leser die Handlung.
- Er tritt als auktorialer Erzähler auf.

Figurenrede

direkte Rede

- Die Gespräche werden als Dialoge wiedergegeben und stehen meist in Anführungszeichen.
- Die Figuren selbst und ihre Aussagen stehen im Zentrum.

indirekte Rede

- Die Gespräche werden im Konjunktiv oder durch entsprechende Einleitungssätze wiedergegeben.
- Der Erzähler tritt stärker in den Vordergrund (im Gegensatz zur direkten Rede) und hat die Möglichkeit, sich von dem, was die Figuren sagen, etwas zu distanzieren.

innerer Monolog

- Die Gedanken und Gefühle einer Figur werden in der Ich-Form dargelegt.

erlebte Rede

- Die Gedanken und Gefühle einer Person werden in der 3. Person wiedergegeben.

TIPP

Auch wenn in der Aufgabenstellung nicht direkt danach gefragt wird, macht es Sinn, in Gedanken kurz die Merkmale des Erzählens zu analysieren. Dies hilft in der Regel, den Text besser zu verstehen.

BEISPIEL

Merkmale des Erzählens („Die Kirschen")

Erzählperspektive:	*Er-Form*
Erzählverhalten:	*personal*
Erzählform:	*Figurenrede als direkte Rede oder kurze innere Monologe des Sohnes*

Den Schluss schreiben

Es gibt verschiedene Möglichkeiten, den Schluss einer Textanalyse zu gestalten:

- eigene Meinung zum Inhalt des untersuchten Textes
- thematischer Ausblick, indem ein weiterführender Gedanke formuliert wird
- Bezugnahme auf die Absicht des Autors/der Autorin – aber nur dann, wenn die Autorenabsicht nicht in einer eigenen Aufgabe im Hauptteil des Aufsatzes zu analysieren war

Der Schluss rundet die vorangegangene Textanalyse ab. Zwar kommt ihm inhaltlich eher eine untergeordnete Rolle zu, jedoch ist der Schluss auch der letzte Eindruck, den der Leser des textgebundenen Aufsatzes erhält. Der Schluss darf demnach nicht zu knapp ausfallen, er muss für den Leser nachvollziehbar und überzeugend formuliert sein.

Schlussvarianten

BEISPIELE

Sicherlich will Borchert auf der einen Seite den Leser mit seiner Kurzgeschichte unterhalten. Andererseits übermittelt der Autor mithilfe des Textes „Die Kirschen" aber auch eine Botschaft. Borchert zeigt die typisch menschliche Schwäche, oftmals vorschnell über andere zu urteilen. Dabei ist die Beurteilungsgrundlage einer Situation häufig eine Vorstellung, die Menschen im Kopf haben, nicht aber eine reale Situation. Der Sohn verlässt sich bei seinem Urteil auf den Gedanken, der Vater könne seine Kirschen gegessen haben, und kommt dabei gar nicht auf die Idee zu hinterfragen, ob es sich bei der roten Flüssigkeit auf der Hand des Vaters tatsächlich um Kirschsaft handelt. Borchert hält den Lesern selbst mit dieser Geschichte einen Spiegel vor und appelliert indirekt an sie, Situationen stets zu hinterfragen und nicht allein nach dem äußeren Anschein zu werten.

→ **Absicht des Autors**

Ich persönlich finde die Kurzgeschichte „Die Kirschen" sehr lehrreich. Ich habe selbst schon mehrmals Situationen erlebt, in denen ich mich von einem ersten Anschein habe täuschen lassen. Gut finde ich auch, dass Borchert am Ende der Geschichte indirekt darauf verweist, wie schlecht man sich häufig nach einem Fehlurteil anderen Menschen gegenüber fühlt. Dass der Junge sich unter der Decke versteckt, zeigt seine Unsicherheit und seine Scham dem Vater gegenüber, Gefühle, die ich auch schon erlebt habe, wenn ich anderen Menschen durch mein vorschnelles Urteil Unrecht getan habe.

→ **eigene Meinung**

In Borcherts Kurzgeschichte zeigt sich sehr deutlich, dass es gerade zwischen Kindern und ihren Eltern häufig zu Missverständnissen kom men kann, weil Kinder die Eltern – wie im Text – falsch einschätzen oder umgekehrt.

Eine Möglichkeit, solchen Fehlurteilen vorzubeugen, wäre es sicher, wenn sowohl Eltern als auch Kinder häufiger das Gespräch miteinander suchen würden. Indem beide Generationen miteinander sprächen, kämen verschiedene Ansichten oder Einschätzungen deutlich zum Ausdruck. Vielleicht hätte sich der Sohn so trotz seines fiebernden Zustandes sicher fühlen können, dass der Vater nur das Beste für ihn will und dass er nicht die Kirschen heimlich isst, die für den Sohn als Medizin dienen sollen. Die Schuldgefühle bzw. die Scham gegenüber dem Vater, die Borchert am Ende der Geschichte schildert, wären dem Sohn so vielleicht erspart geblieben.

→ **weiterführender Gedanke**

1.3 Weiterführende Schreibaufgaben

Einen Leserbrief schreiben

Der Leserbrief
- nimmt Bezug auf einen Presseartikel.
- stellt einen Sachverhalt vor und beleuchtet diesen näher.
- bringt deutlich den Standpunkt des Autors/der Autorin zum Ausdruck.
- bezieht klar und begründet Stellung.
- endet oft mit einer Pointe oder einem Fazit.
- zielt auf Meinungsbildung oder Meinungsänderung beim Leser ab.

Es muss deutlich werden, auf welchen Presseartikel sich der Leserbrief bezieht. Die Formulierungen sind so zu wählen, dass der Standpunkt des Verfassers zweifelsfrei deutlich wird, die Argumentation muss schlüssig und überzeugend sein.
Übernommene Passagen aus dem Presseartikel werden zitiert. Ein Leserbrief sollte nicht zu ausschweifend sein, Beleidigungen sind zu unterlassen!
Am Ende des Leserbriefes werden Name und Adresse des Verfassers angegeben.

Ein Leserbrief besteht formal aus folgenden Elementen:
- Bezugnahme auf vorangegangenen Presseartikel
- Darstellung des Sachverhalts
- Standpunkt des Verfassers mit begründeter Meinung
- Fazit
- Name und Wohnort

Fiktiver Presseartikel:
Berlin (dpa) – Aufregung an den deutschen Realschulen. Die Lehrer der Realschulen haben in der letzten Lehrerkonferenz des laufenden Schuljahres einstimmig beschlossen, die Sommerferien in diesem Schuljahr ausfallen zu lassen.
Laut Aussage der Konferenz gebe es gewichtige Gründe für das geplante Vorhaben. Die Leistungen der Schüler seien zwar konstant und lägen teilweise sogar im oberen Mittelfeld, jedoch haben es sich die ehrgeizigen Lehrer in den Kopf gesetzt, die Schulart an die Spitze Deutschlands zu bringen. „Wir wollen eine Realschul-Elite!“, lautet die Aussage der Lehrerkonferenz.

Kompliment für die Schüler

Die Lehrkräfte können die ganze Aufregung um das Vorhaben überhaupt nicht verstehen. „Das ist doch ein Kompliment an unsere Schüler!“, äußerte sich der Vorsitzende der Konferenz. „Wir halten unsere Jungen und Mädchen lediglich für so gut, dass sie es bis an die Spitze schaffen können!“

Eltern gegen das geplante Vorhaben

Die Vorsitzende des Elternbeirats hingegen erklärt, dass es sich bei dem Vorhaben um eine absolute Frechheit handle. Diese Idee führe lediglich dazu, dass die Kinder in höchstem Grade gestresst seien und sie auf die verdiente Erholungsphase verzichten müssten.
Hauptstadt-Bote vom 29. Mai 2012

Leserbrief zum Artikel „Sommerferien abgeschafft“

BEISPIEL

Leserbrief zu dem Artikel „Sommerferien abgeschafft“ (Hauptstadt-Bote vom 29. Mai 2012)	*Bezugnahme auf Presseartikel*
Es klingt zunächst nach einer guten Idee: Um Realschülerinnen und -schüler besser fördern zu können, sie in Deutschland ganz nach vorn zu bringen, sollen diese auf die Sommerferien verzichten. *Als ehemalige Realschülerin, die seit einem Jahr ihr Abschlusszeugnis in der Tasche hat, kann ich nur den Eltern zustimmen, die sich gegen das Vorhaben aussprechen.*	*Darstellung des Sachverhalts*
Während der Schulzeit gute Leistungen zu bringen, setzt voraus, dass auch längere Phasen der Erholung möglich sind. Gerade die Sommerferien sind für die Schülerinnen und Schüler die Zeit im Jahr, in der sie wirklich abschalten können. Hat man in diesen sechs schulfreien Wochen genug Kraft getankt, dann freut man sich oft sogar auf das kommende Schuljahr, was sich häufig positiv auf die schulischen Leistungen auswirkt.	*Standpunkt der Verfasserin mit begründeter Meinung*

Zudem sollten Menschen, die vorschlagen, die Sommerferien abzuschaffen, auch an die wirtschaftlichen Nachteile denken. Wenn es vielen Familien nicht mehr möglich ist, einen längeren Urlaub zu buchen, da die Kinder ja die Schulbank drücken müssen, dann schadet dies auch der Tourismus-Branche. Ohne Familienurlauber kein Geld!

Und mal ehrlich: Wer in der freien Wirtschaft ließe sich einreden, weniger Erholung brächte bessere Ergebnisse? Die Antwort erübrigt sich, betrachten wir doch nur einmal die Angebote für Wellness und Erholung, die uns mittels verschiedener Medien täglich erreichen.
Zu Bildung und Förderung sagen wir danke – die Antwort auf eine Abschaffung der Sommerferien lautet: nein danke! — *Fazit*

Hanna Preller, Schwanstadt — *Name/ Wohnort*

Einen Appell verfassen

Der Appell

- ist ein Aufruf, der als Flugblatt, als Plakat, in einer Zeitschrift oder einer Zeitung erscheinen kann.
- weckt die Neugier des Lesers durch eine schlagwortartige Überschrift.
- stellt kurz und präzise den Sachverhalt/das Anliegen dar.
- geht auf Möglichkeiten ein, eine Situation zu verändern.
- zeigt Maßnahmen auf, wie diese Veränderung erreicht werden kann.
- spricht den Leser direkt an.
- endet mit einer deutlich formulierten Aufforderung an den Leser.
- nennt den Verfasser.

TIPP

Ein Appell will andere Menschen zum Handeln bewegen. Deshalb werden nicht nur Aussagesätze verwendet, sondern auch Frage- oder Ausrufesätze in den Appell eingebaut. Die Sprache ist klar und knapp.

Im Gegensatz zu vielen anderen Textsorten arbeitet der Appell mit emotionalen Elementen und ist nicht nur sachlich geschrieben!

BEISPIEL

Appell Lerntutoren

Du weißt viel?
Behalte dein Wissen nicht für dich!

Lerntutoren gibt es an unserer Schule schon seit einigen Jahren. Für dich waren es immer nur die „älteren Schüler", die „Großen", die diese wichtige Aufgabe übernommen haben.
Jetzt kommt deine Chance! Einige Lerntutoren haben ihre Schulzeit beendet, deshalb brauchen wir neue Leute im Team, wir brauchen DICH!
Du bist

- eine Schülerin/ein Schüler mit relativ guten Noten,
- geduldig,
- ein Naturtalent, wenn es darum geht, den Stoff anderen zu erklären,
- bereit, einen Teil deiner Freizeit für die Arbeit mit jüngeren Mitschülern zu „opfern".

Dann bist du genau die richtige Person für diese Aufgabe!
Wir bieten dir

- das gute Gefühl, am Nachmittag etwas Sinnvolles getan zu haben,
- die einmalige Chance, beim Helfen selbst den Stoff der niedrigeren Jahrgangsstufen zu wiederholen,
- Spaß innerhalb unsere Gruppe,
- die Gelegenheit, neue Leute aus anderen Klassen kennenzulernen.

Sprich uns an und sage uns und unserem Betreuungslehrer Herrn Peter, in welchem Fach du gern als Tutorin/Tutor arbeiten möchtest.
Treffpunkt für alle, die im nächsten Jahr gerne mitmachen wollen, ist: jeden Dienstag in der ersten Pause im Zimmer 303.

Gib dein Wissen weiter!

Dein Tutorenteam an der Realschule

Einen Beschwerdebrief/eine Anfrage formulieren

Der **Beschwerdebrief** bringt eine Forderung oder Erwartung zum Ausdruck, indem er

- genau die Ausgangssituation darstellt.
- Bezug auf diese Situation nimmt und Mängel aufzeigt.

- die Unzufriedenheit des Verfassers mit einer bestimmten Sachlage begründet.
- Argumente aufzeigt, die den Standpunkt des Verfassers untermauern.
- gegebenenfalls auf Gesetzestexte, Vorschriften etc. verweist.

Der Beschwerdebrief
- schlägt zudem häufig Alternativen vor.
- ist stets sachlich und niemals beleidigend geschrieben.

Eine **Anfrage**
- informiert den Leser über die Ausgangslage sowie den Gegenstand der Anfrage.
- enthält konkrete Fragestellungen.
- nennt präzise und unmissverständlich das Anliegen.
- ist objektiv und deshalb möglichst emotionsfrei verfasst.

Sowohl bei der Beschwerde als auch bei der Anfrage handelt es sich um einen sachlichen Brief. Deshalb ist zu beachten:
- Der Stil ist sachlich und höflich, auch wenn der Verfasser selbst vielleicht erzürnt oder in seinen Gefühlen verletzt ist.
- Die Umgangssprache wird vermieden.
- Der Brief beschränkt sich auf die Informationen, die zur Begründung des Anliegens unerlässlich sind.
- Argumente sind schlüssig und nachvollziehbar formuliert.
- Die Höflichkeitsanrede (Sie, Ihr, Ihrem, ...) wird stets großgeschrieben.
- Die Beschwerde/Anfrage enthält die formalen Elemente: Absender, Empfänger, Ort, Datum, Betreffzeile, Anrede, Grußformel, Unterschrift.

Anfrage

BEISPIEL

Elke Wissenshungrig *Badweg 1* *12345 Musterstadt*	*Absender*
Xaver Hüttenzauber *Bergstraße 11* *56789 Musterhausen*	*Empfänger*
Musterstadt, 2012-09-20	*Ort/Datum*
Aufenthalt in Ihrem Hause im Juli 2013	*Betreffzeile*
Sehr geehrter Herr Hüttenzauber,	*Anredeformel*
derzeit besuche ich die zehnte Klasse der Staatlichen Realschule Musterstadt und meine Klassenkameraden und ich sind bereits jetzt auf der Suche nach einem Quartier für unsere Abschlussfahrt im Juli 2013. *In der letzten Ausgabe der Zeitschrift „Jugend unterwegs" haben wir einen Artikel über die Berghütte Almenrausch gelesen.* *Gern würden wir deshalb von Ihnen erfahren, ob die Hütte in den ersten beiden Juliwochen 2013 zu mieten ist.* *Wir sind 14 Schülerinnen und 16 Schüler und werden von einer männlichen und einer weiblichen Lehrkraft begleitet.* *Wichtig ist für uns zunächst auch, wie hoch die Kosten für eine Woche sein werden, das heißt, wie hoch die Miete ist und wie viel Geld wir für die vom Haus gestellte Verpflegung einplanen müssen.* *Außerdem wäre es schön, wenn wir zusätzliche Informationen zur Ausstattung der einzelnen Zimmer und Gemeinschaftsräume bekommen würden.*	
Mit freundlichen Grüßen	*Grußformel*
Elke Wissenshungrig	*Unterschrift*

Einen inneren Monolog schreiben

Voraussetzung ist, sich in eine bestimmte Figur des Textes hineinzuversetzen. Gedanken, Gefühle und Sinneswahrnehmungen dieser Figur werden in der Ich-Form ausgedrückt. Schildernde Elemente finden ebenso Verwendung. Um den inneren Monolog realistisch wirken zu lassen, werden häufig Ellipsen (unvollständige Sätze) verwendet.
Bei einem inneren Monolog tritt kein Erzähler in Erscheinung!

Textgrundlage: **Herbert Malecha „Die Probe"**

Redluff sah, das schrille Quietschen der Bremsen noch in den Ohren, wie sich das Gesicht des Fahrers ärgerlich verzog. Mit zwei taumeligen Schritten war er wieder auf dem Gehweg. „Hat es Ihnen was gemacht?" Er fühlte sich am Ellenbogen angefasst. Mit einer fast brüsken Bewegung machte er sich frei. „Nein, nein, schon gut. Danke", sagte er noch, beinah schon über die Schulter, als er merkte, dass ihm der Alte nachstarrte.

Eine Welle von Schwäche stieg von seinen Knien auf, wurde fast zur Übelkeit. Das hätte ihm gerade noch gefehlt, angefahren auf der Straße liegen, eine gaffende Menge und dann die Polizei. Er durfte jetzt nicht schwach werden, nur weiterlaufen, unauffällig weiterlaufen zwischen den vielen auf der hellen Straße. Langsam ließ das Klopfen im Halse nach. Seit drei Monaten war er zum ersten Mal wieder in der Stadt, zum ersten Mal wieder unter so viel Menschen. Ewig konnte er in dem Loch sich ja nicht verkriechen, er musste einmal wieder raus, wieder Kontakt aufnehmen mit dem Leben, überhaupt raus aus allem. Ein Schiff musste sich finden lassen, möglichst noch, bevor es Winter wurde. Seine Hand fuhr leicht über die linke Brustseite seines Jacketts, er spürte den Pass, der in der Innentasche steckte; gute Arbeit war dieser Pass, er hatte auch nicht schlecht dafür bezahlt.

Die Autos auf der Straße waren zu einer langen Kette aufgefahren. Nur stockend schoben sie sich vorwärts. Menschen gingen an ihm vorbei, kamen ihm entgegen; er achtete darauf, dass sie ihn nicht streiften. Einem Platzregen von Gesichtern war er ausgesetzt, fahle Ovale, die sich mit dem wechselnden Reklamelicht verfärbten. Redluff strengte sich an, den Schritt der vielen anzunehmen, mitzuschwimmen in dem Strom. Stimmen, abgerissene Gesprächsfetzen schlugen an sein Ohr, jemand lachte. Für eine Sekunde haftete sein Blick an dem Gesicht einer Frau, ihr offener, bemalter Mund sah schwarzgerändert aus. Die Autos fuhren jetzt an, ihre Motoren summten auf. Eine Straßenbahn

schrammte vorbei. Und wieder Menschen, Menschen, ein Strom flutender Gesichter, Sprechen und hundertfache Schritte. Redluff fuhr unwillkürlich mit der Hand an seinen Kragen. An seinem Hals merkte er, dass seine Finger kalt und schweißig waren. Wovor hab ich denn eigentlich Angst, verdammte Einbildung, wer soll mich denn schon erkennen, in dieser Menge, sagte er sich. Aber er spürte nur zu genau, dass er in ihr nicht eintauchen konnte, dass er wie ein Kork auf dem Wasser tanzte, abgestoßen und weitergetrieben. Ihn fror plötzlich. Nichts wie verdammte Einbildung, sagte er sich wieder. Vor drei Monaten war das ja noch anders, da stand sein Name schwarz auf rotem Papier auf jeder Anschlagsäule zu lesen, Jens Redluff, nur gut, dass das Foto so schlecht war. Der Name stand damals fett in den Schlagzeilen der Blätter, wurde dann kleiner und kleiner, auch das Fragezeichen dahinter, rutschte in die letzten Spalten und verschwand bald ganz.
Redluff war jetzt in eine Seitenstraße abgebogen, der Menschenstrom wurde dünner, noch ein paar Abbiegungen, und die Rinnsale lösten sich auf, zerfielen in einzelne Gestalten, einzelne Schritte. Hier war es dunkler. Er konnte den Kragen öffnen und die Krawatte nachlassen. Der Wind brachte einen brackigen Lufthauch vom Hafen her. Ihn fröstelte. Ein breites Lichtband fiel quer vor ihm über die Straße, jemand kam aus dem kleinen Lokal, mit ihm ein Dunst nach Bier, Qualm und Essen. Redluff ging hinein. Die kleine, als Café aufgetakelte Kneipe war fast leer, ein paar Soldaten saßen herum, grelle Damen in ihrer Gesellschaft. Auf den kleinen Tischen standen Lämpchen mit pathetisch roten Schirmen. Ein Musikautomat begann aus der Ecke zu hämmern. Hinter der Theke lehnte ein dicker Bursche mit bloßen Armen. Er schaute nur flüchtig auf.
„Konjak, doppelt“, sagte Redluff zu dem Kellner. Er merkte, dass er seinen Hut noch in der Hand hielt, und legte ihn auf den leeren Stuhl neben sich. Er steckte sich eine Zigarette an, die ersten tiefen Züge machten ihn leicht benommen. Schön warm war es hier, er streckte seine Füße lang aus. Die Musik hatte gewechselt. Über gezogen jaulenden Gitarrentönen hörte er halblautes Sprechen, ein spitzes Lachen vom Nachbartisch. Gut saß es sich hier.
Der Dicke hinter der Theke drehte jetzt seinen Kopf nach der Tür. Draußen fiel eine Wagentür schlagend zu. Gleich darauf kamen zwei Männer herein, klein und stockig der eine davon. Er blieb in der Mitte stehen, der andere, im langen Ledermantel, steuerte auf den Nachbartisch zu. Keiner von beiden nahm seinen Hut ab. Redluff versuchte hinüberzu-

schielen, es durchfuhr ihn. Er sah, wie der Große sich über den Tisch beugte, kurz etwas Blinkendes in der Hand hielt. Die Musik hatte ausgesetzt. [...] Redluff klammerte sich mit der einen Hand an die Tischkante. Er sah, wie die Fingernägel sich entfärbten. Der rauchige Raum schien ganz leicht zu schwanken, ganz leicht. Ihm war, als müsste er auf dem sich neigenden Boden jetzt langsam samt Tisch und Stuhl auf die andere Seite rutschen. Der Große hatte seine Runde beendet und ging auf den anderen zu, der immer noch mitten im Raum stand, die Hände in den Manteltaschen. Redluff sah, wie er zu dem Großen etwas sagte. Er konnte es nicht verstehen. Dann kam er geradewegs auf ihn zu. „Sie entschuldigen", sagte er, „Ihren Ausweis, bitte!" Redluff schaute erst gar nicht auf das runde Metall in seiner Hand. Er drückte seine Zigarette aus und war plötzlich völlig ruhig. Er wusste es selbst nicht, was ihn mit einmal so ruhig machte, aber seine Hand, die in die Innentasche seines Jacketts fuhr, fühlte den Stoff nicht, den sie berührte, sie war wie von Holz. Der Mann blätterte langsam in dem Pass, hob ihn besser in das Licht. Redluff sah die Falten auf der gerunzelten Stirn, eins, zwei, drei. Der Mann gab ihm den Pass zurück. „Danke, Herr Wolters", sagte er. Aus seiner unnatürlichen Ruhe heraus hörte Redluff sich selber sprechen. „Das hat man gern, so kontrolliert zu werden wie – ", er zögerte etwas, „ein Verbrecher!" Seine Stimme stand spröde im Raum. Er hatte doch gar nicht so laut gesprochen. „Man sieht manchmal jemand ähnlich", sagte der Mann, grinste, als hätte er einen feinen Witz gemacht. „Feuer?" Er fingerte eine halbe Zigarre aus der Manteltasche. Redluff schob seine Hand mit dem brennenden Streichholz längs der Tischkante ihm entgegen. Die beiden gingen.

Redluff lehnte sich in seinem Stuhl zurück. Die Spannung in ihm zerbröckelte, die eisige Ruhe schmolz. Er hätte jubeln können. Das war es, das war die Probe, und er hatte sie bestanden. Triumphierend setzte der Musikautomat wieder ein. „He, Sie vergessen Ihren Hut", sagte der Dicke hinter der Theke. Draußen atmete er tief, seine Schritte schwangen weit aus, am liebsten hätte er gesungen.

Langsam kam er wieder in belebtere Straßen, die Lichter nahmen zu, die Läden, die Leuchtzeichen an den Wänden.

Aus einem Kino kam ein Knäuel Menschen, sie lachten und schwatzten, er mitten unter ihnen. Es tat ihm wohl, wenn sie ihn streiften. „Hans", hörte er eine Frauenstimme hinter sich, jemand fasste seinen Arm. „Tut mir leid", sagte er und lächelte in das enttäuschte Gesicht. Verdammt hübsch, sagte er zu sich. Im Weitergehen nestelte er an seiner Krawatte. Dunkelglänzende Wagen sangen über den blanken Asphalt, Kaskaden wechselnden Lichts ergossen sich von den Fassaden, Zeitungsverkäufer riefen die Abendausgabe aus. Hinter einer großen, leicht beschlagenen Spiegelglasscheibe sah er undeutlich tanzende Paare; pulsierend drang die Musik abgedämpft bis auf die Straße. Ihm war wie nach Sekt. Ewig hätte er so gehen können, so wie jetzt. Er gehörte wieder dazu, er hatte den Schritt der vielen, es machte ihm keine Mühe mehr. Im Sog der Menge ging er über den großen Platz auf die große Halle zu mit ihren Ketten von Glühlampen und riesigen Transparenten. Um die Kassen vor dem Einlass drängten sich Menschen. Von irgendwoher flutete Lautsprechermusik. Stand dort nicht das Mädchen von vorhin? Redluff stellte sich hinter sie in die Reihe. Sie wandte den Kopf, er spürte einen Hauch von Parfüm. Dicht hinter ihr zwängte er sich durch den Einlass. Immer noch flutete die Musik, er hörte ein Gewirr von Hunderten von Stimmen. Ein paar Polizisten versuchten etwas Ordnung in das Gedränge zu bringen. Ein Mann in einer Art Portiersuniform nahm ihm seine Einlasskarte ab. „Der, der!“, rief er auf einmal und deutete aufgeregt hinter ihm her. Gesichter wandten sich, jemand im schwarzen Anzug kam auf ihn zu, ein blitzendes Ding in der Hand. Gleißendes Scheinwerferlicht übergoss ihn. Jemand drückte ihm einen Riesenblumenstrauß in die Hände. Zwei strahlend lächelnde Mädchen hakten ihn rechts und links unter, Fotoblitze zuckten. Und zu allem dröhnte eine geölte Stimme, die vor innerer Freudigkeit fast zu bersten schien: „Ich darf Ihnen im Namen der Direktion von ganzem Herzen gratulieren, Sie sind der hunderttausendste Besucher der Ausstellung!“ Redluff stand wie betäubt. „Und jetzt sagen Sie uns Ihren werten Namen“, schnalzte die Stimme unwiderstehlich weiter. „Redluff, Jens Redluff“, sagte er, noch ehe er wusste, was er sagte, und schon hatten es die Lautsprecher dröhnend bis in den letzten Winkel der riesigen Halle getragen. Der Kordon der Polizisten, der eben noch die applaudierende Menge zurückgehalten hatte, löste sich langsam auf. Sie kamen auf ihn zu.

Herbert Malecha: Die Probe. Hamburg: v. Schröder 1955. S. 21-27

Innerer Monolog Redluffs zur Situation in der Hafenkneipe

BEISPIEL

Das hat mir gerade noch gefehlt - die Bullen. Ruhig, Jens, ruhig. Noch ist nichts verloren. Vielleicht bemerken Sie mich ja gar nicht. Der Pass ist gute Arbeit, ich kann mich darauf verlassen. Ich kann, ich muss mich darauf verlassen! Ruhig atmen, ruhig. Ich muss meine Nervosität in den Griff bekommen, ich muss mich entspannen, die Hand locker auf den Tisch legen. Mir wird schwindelig, ich fürchte, mein Atem erreicht meine Lunge gar nicht, ich brauche Luft! Der Große kommt auf mich zu, jetzt nur nicht den Kopf verlieren, dem Großen ruhig den Pass aushändigen! Warten, endloses Warten. Mir fällt ein Stein vom Herzen, mir, Herrn Wolters! Zeit, um einen kleinen Scherz zu machen, eigentlich verdammt unverschämt. War das doch zu übertrieben? Nein, entspann dich, Redluff, du hast es geschafft. Ich bin wieder da! Brauche mich nicht zu verstecken, gehöre wieder dazu!

1.4 Einen informierenden Text verfassen

Das Verfassen eines informierenden Textes verlangt, dass auf der Grundlage vorgegebener Materialien (z.B. Zeitungsbericht, Bild, Diagramm, Interview etc.) zu einem bestimmten Thema ein strukturierter Text (z.B. Bericht, Informationsblatt) erstellt wird, der die Leserinnen und Leser, die in der Aufgabenstellung genannt werden, informiert.
Dabei kommt es darauf an, sich immer wieder den Schreibanlass und die zu verfassende Textsorte zu verdeutlichen, damit Adressatinnen und Adressaten zielgerichtet mit eigenen Worten angesprochen werden. Auch gilt es, die Informationen aus dem Material nicht einfach aufzulisten, sondern sie in Zusammenhänge zu bringen. Grundlegende Voraussetzung ist die Fähigkeit, relevante von irrelevanten Informationen zu unterscheiden.

BEISPIEL

Verfassen eines informierenden Textes anhand einer Materialsammlung

Material 1

„Darstellendes Spiel" im 7. Jahrgang (Wahlpflichtbereich) der Integrierten Gesamtschule Göttingen-Geismar

Liebe Schülerin, lieber Schüler,
warum solltest du Darstellendes Spiel im „Einführungskurs" für den Wahlpflichtbereich betreiben?
Ganz einfach: weil es Spaß machen kann, sich zu bewegen, sich zu verstellen, sich zu verkleiden, mit anderen zu spielen und etwas vorzuführen. Du kannst deine Stimme ausprobieren, du kannst du selbst oder jemand anders sein – und du hast andere, mit denen gemeinsam du etwas tun und lernen kannst.
Weil sich Schülerinnen und Schüler aus verschiedenen Stammgruppen neu zum Kurs zusammenfinden, stehen am Anfang des Unterrichts verschiedene Arten von Spielen, die dazu dienen, dass sich die Teilnehmerinnen und Teilnehmer untereinander gut kennen lernen.
In einem zweiten Abschnitt erfahren sie, dass sie sich mit ihrem Körper in einem Raum bewegen, der auch von Mitspielern belebt wird, und stellen fest, dass Haltungen und Bewegungen des Körpers etwas ausdrücken, was Zuschauer wahrnehmen können.
Im weiteren Verlauf werden Übungen zur Stimme, zu Tempo und Rhythmus und zu Requisiten mehr und mehr Elemente des Spiels aufzeigen.
Das hier Gelernte soll schließlich umgesetzt werden in Spielszenen, die dann einem Publikum vorgeführt werden.

© IGS Georg-Christoph-Lichtenberg-Gesamtschule Göttingen-Geismar, 2010

Material 2

Geburtsdatum: 11. März 1981 Berufsfeld: Schauspieler
Matthias Schweighöfer ist in einer Schauspielerfamilie aufgewachsen. So stand für ihn schon früh fest, dass auch er vor die Kamera gehört. Seine Eltern, die Theaterschauspieler Gitta und Michael Schweighöfer, nahmen ihn regelmäßig mit zu Theaterproben, später stand er dann im Rahmen des Schultheaters seines Chemnitzer Gymnasiums selbst auf der Bühne.

© Laureus Stiftung Deutschland 2001–2009, http://laureus.de/matthias-schweighoefer, aufgerufen am 6.6.2012

Material 3

Dies sind die Antworten auf eine Umfrage, die Jugendliche während eines Schultheatertreffens durchführten. Sie fragten: Was fasziniert dich als Schauspieler denn am meisten an deiner Arbeit? Was fordert dich heraus und was macht am meisten Spaß?

1. Das ist eine schwierige Frage! Eigentlich gefällt mir alles. Ich finde, das Proben macht total Spaß und auf der Bühne zu stehen ist immer der totale Kick!
2. Dass man in andere Rollen und Charaktere schlüpfen kann. Und dass man alles ausprobieren und sich immer wieder neu erfinden kann.
3. Dass man Spaß haben kann und andere Leute damit begeistern kann!
4. Dass man andere Personen spielen kann als die, die man in Wirklichkeit ist.
5. Spaß und Verwandlung!
6. Dass man wer anders sein kann und dass man Spaß hat mit Freunden!
7. Man kann aus sich rauskommen!
8. Es ist ein schönes Gefühl, auch mal jemand anders zu sein.
9. Das Ausprobieren von verschiedenen Rollen!

© Kultur & Spielraum e.V. München, 2010, http://www.kulturundspielraum.de/projekt-seiten/schultheater/?cat=3, aufgerufen am 6.6.2012

Material 4

Reif für die Bühne

Müssen Kinder von der ersten Klasse an Theaterunterricht erhalten? Hamburg sagt Ja. Nur: Wer soll das neue Pflichtfach unterrichten?

Von Julia Nolte

(...) Darstellendes Spiel wird in Deutschland bereits an den meisten Schulen in irgendeiner Form angeboten, nicht nur in Hamburg. Doch die Hansestadt wagt nun einen Vorstoß: Als erstes Bundesland führt sie Theater als Pflichtfach an den Grundschulen und in der Unterstufe ein und riskiert damit eine bundesweite Debatte. Spätestens vom kommenden Schuljahr 2011/12 an muss Theater im Schnitt mindestens eine Stunde wöchentlich unterrichtet werden, ausgenommen sind die Berufsschulen. In der 7. Klasse können die Schüler das Fach dann weiter belegen oder stattdessen Musik oder Kunst wählen. (...)

Beim Bundesverband Theater in Schulen wittert man nun eine Chance für ein Fach, das an den meisten Schulen bisher ein Schattendasein fristet. Kerstin Hübner: „Wir hoffen, dass Impulse von Hamburg ausgehen und sich Theater bundesweit durchsetzt."
Doch außerhalb der Behörde jubelt sonst kaum jemand. Im Gegenteil: Die plötzliche Neuerung bringt die Hamburger Schulen in Nöte. Auf Theater angesprochen, nennen Leiterinnen und Leiter aller Schulformen das neue Pflichtfach ein „ganz großes Problem" und einen „Störfaktor", sie fühlen sich von der Schulbehörde übergangen, halten die Einführung für übereilt, nicht durchdacht und sprechen von „massiven Missständen". Missstände entstehen vor allem dadurch, dass es weder genügend Räume für Theater noch genügend Fachlehrer gibt. (...)
Das neue Pflichtfach stellt die Schulen zusätzlich vor ein ernstes Personalproblem: In Hamburg gibt es jetzt zwar das Fach Theater, aber keine an der Universität ausgebildeten Theaterlehrer. Die Änderung wurde kurz vor den Sommerferien verkündet – da waren alle Lehrer bereits eingestellt, nur nicht für Theater. (...)
Wer also soll den Schülern das Schauspielern beibringen? Manche Lehrer haben im Sprachunterricht schon Texte mit verteilten Rollen lesen lassen, mit ihrer Klasse Pantomime gespielt oder ein Stück in der Schulaula aufgeführt.
Aber Theaterunterricht? „Das ist eine Nummer größer", sagt die Lehrerin Cornelia Bernheim. „Und niemand hat so richtig Ahnung von dem Fach." Weil Theater auch bei ihr plötzlich auf dem Stundenplan stand, hat sie sich kurzerhand bei einer Fortbildung angemeldet. Spaß mache das schon, sagt sie, „aber es ist auch eine Zusatzbelastung".
(...) Für die Schüler bedeutet die Änderung zunächst einmal: Sie haben künftig von der ersten Klasse an ein Fach, das ihnen die Möglichkeit bietet, sich auszuleben und vor allem in der Pubertät mit Identitäten und Rollen zu spielen.
Diese Vorzüge nennt Ingrid Ahlring, Schulleiterin der Helene-Lange-Schule in Wiesbaden, wo Theater schon seit mehr als zwanzig Jahren zum Schulkonzept gehört, obwohl es in Hessen nicht vorgeschrieben ist.

Quelle: DIE ZEIT, 6.10.2011, Nr. 41 (hier gekürzt)

Aufgabenstellung

Stell dir vor: An deiner Schule gibt es keinen Unterricht im Fach „Darstellendes Spiel/Theater". Das soll sich ändern: Viele Schüler möchten, dass es im Wahlpflichtbereich angeboten wird. Einige Lehrer unterstützen sie. Du sollst in der Schülerzeitung einen Artikel schreiben, der darüber informiert, welche positiven Auswirkungen ein Theater-Unterricht haben kann und welche Schwierigkeiten bei der Einführung an eurer Schule bedacht werden müssen.

Verfasse auf der Grundlage der Materialien 1 bis 4 einen informierenden Text über das Fach „Darstellendes Spiel".

Dein Text soll so ausführlich sein, dass die Leserinnen und Leser einen guten Überblick über Vorteile und Schwierigkeiten bei der Einführung des Fachs bekommen. Schreibe nicht einfach nur aus den Materialien ab, sondern bemühe dich um eine eigene Darstellung in einem zusammenhängenden Text.

Berücksichtige dabei folgende Gesichtspunkte:

- Formuliere einen Einleitungsteil, der deutlich macht, worum es in deinem Artikel geht.
- Stelle deinen Leserinnen und Lesern das Fach „Darstellendes Spiel" vor und zeige auf, welche positiven Folgen die Einführung des Fachs „Darstellendes Spiel" an eurer Schule haben kann.
- Erläutere dann, welche Schwierigkeiten die Einführung verursachen kann.
- Schlussfolgere anhand der Materialien, wie einige Schwierigkeiten ausgeräumt werden könnten.
- Überlege dir eine Überschrift für den Text.
- Notiere unterhalb deines Textes die von dir genutzten Quellen.

Hinweise für die Lösungsschritte

1. Aufgabenstellung analysieren

Es ist wichtig, sich bewusst zu machen, was genau verlangt wird. Dazu sollte zuerst die Aufgabenstellung mehrmals aufmerksam durchgelesen werden. Dabei helfen die folgenden Orientierungsfragen:

- Was ist das Thema? (Hier: Einführung des Unterrichtsfachs „Darstellendes Spiel" im Wahlpflichtbereich)
- Welche Textsorte wird verlangt? (Hier: informierender Text)
- Was sind Anlass und Ziel des geforderten Textes? (Hier: Der Text soll über die Vorteile und Schwierigkeiten informieren, die mit der Einführung des Wahlpflichtfachs „Darstellendes Spiel" verbunden sind.)

- An wen richtet sich der Text? (Hier: an alle Leserinnen und Leser der Schülerzeitung, also vor allem an Schüler, Lehrer und Eltern, evtl. auch weitere Interessierte)

Im nächsten Schritt ist zu überlegen, was einem über das Thema bereits bekannt ist und was einen daran interessiert. Dabei muss auch an die Merkmale für die geforderte Textsorte gedacht werden. Zunächst sind einige Stichpunkte hilfreich, z. B.

- schon mal eine Schüleraufführung besucht
- interessiert an Bühnentechnik wie Beleuchtung und Ton
- keine spezielle Bühne an der Schule vorhanden
- Stegreiftheater im Deutschunterricht hat Spaß gemacht
- sachliche Informationen gefragt, keine Meinungen
- Informationen müssen sinnvoll zusammengefasst werden

2. Materialien sichten

Die beigefügten Materialien sollen bei der Erstellung einer Stoffsammlung für den Text helfen. Darum ist es wichtig zu erkennen, welche Angaben für den Text relevant sind und welche nicht.
(Hier: Du sollst Vorteile für die Schülerinnen und Schüler nennen, die an dem Unterricht „Darstellendes Spiel" teilnehmen.
Du sollst auch die Schwierigkeiten aufzeigen, die auftauchen können, wenn dieses Fach neu an deiner Schule angeboten wird.)
Dazu legt man eine Tabelle an und trägt die Vorteile und die Schwierigkeiten ein, die genannt werden. Es sollte auch auf das geachtet werden, was nicht explizit dort steht, aber zwischen den Zeilen herauszulesen ist.
(Hier: Das Material 1 stammt aus einer Gesamtschule und nennt gute Gründe für das Darstellende Spiel. Nicht alles davon muss in deinem Text erwähnt werden. Markiere die drei Merkmale, die du am wichtigsten findest. Das können z. B. sein: Spaß, sich zu verstellen; sich untereinander gut kennenlernen; mit Körperbewegungen etwas ausdrücken, was andere wahrnehmen.)
Dem Material 2 lässt sich entnehmen, dass der Schauspieler Matthias Schweighöfer früher an seinem Gymnasium im Schultheater gespielt hat. Daraus kann man folgern, dass Schülerinnen und Schüler, die in der Schule das Theaterspielen ausprobieren können, eventuell ihr Interesse an diesem Beruf entdecken.
Bei Material 3 lassen sich die Äußerungen der Befragten zusammenfassen: Den meisten Befragten macht beim Theaterspiel die Verwandlung

Spaß. Sie können dabei in verschiedene Rollen schlüpfen. Das kann man sonst im Unterricht in keinem Fach.
Bei Material 4 geht es darum, dass in Hamburg das Fach „Theater" sogar Pflichtfach werden soll. Es werden ein paar Vorteile für die Schülerinnen und Schüler aufgezählt. Andererseits wird von Schwierigkeiten berichtet, mit denen die Schulen zu kämpfen haben.

Vorteile	**Nachteile**
Entwicklung der Persönlichkeit	Nicht genug geeignete Räume
Möglichkeit, sich auszuleben, verschiedene Rollen auszuprobieren	Nicht genug Fachlehrerinnen/Fachlehrer, die dafür ausgebildet sind
Trägt zur Entspannung bei	Zeit wird für Kernfächer gebraucht
Fördert ästhetischen Zugang zur Welt	Lehrkräfte müssen Fortbildungen besuchen
...	...

3. Informationen strukturieren

Wenn du alle Informationen tabellarisch notiert hast, musst du sie zusammenfassen und in eine sinnvolle Reihenfolge bringen. Alles, was z. B. zum Thema Persönlichkeitsentwicklung passt, gehört zusammen, auch wenn es in unterschiedlichen Materialien genannt wird. Benenne Zusammengehöriges mit einer Überschrift, die das Thema angibt. Berücksichtige hier auch Sachverhalte, die deinem Vorwissen entspringen.
Achte darauf, dass du nur das erwähnst, was genau zu deiner Aufgabenstellung passt. Es spielt dafür z. B. keine Rolle, dass die Helene-Lange-Schule in Wiesbaden schon seit 20 Jahren das Fach unterrichtet.

4. Eine Gliederung erstellen

In der Aufgabenstellung ist bereits eine mögliche Gliederung enthalten. Lies dort noch einmal nach. Vergiss nicht, dir eine Überschrift auszudenken.

Mögliche Gliederung:
1. Einleitung
2. Was gehört zum Fach „Darstellendes Spiel"?
3. Vorteile, die Schülerinnen und Schüler von dem zusätzlichen Unterrichtsfach „Darstellendes Spiel" haben können
4. Schwierigkeiten, die sich durch die Einführung ergeben
5. Möglichkeiten, die Schwierigkeiten auszuräumen
6. Schlussbemerkung
7. Quellenangaben

So könnte dein informierender Text für die Schülerzeitung aussehen:

Geht der Vorhang auf in unserer Schule?
Viele Schülerinnen und Schüler unserer Schule vermissen im Wahlpflichtbereich das Fach „Darstellendes Spiel". Sie möchten sich gern mit dem Theaterspiel beschäftigen und haben vorgeschlagen, das Fach bei uns einzuführen.
Neben vielen Vorteilen, die mit der Teilnahme an Theaterkursen verbunden sind, müssen vorher aber auch organisatorische oder pädagogische Schwierigkeiten bedacht werden, die auf die Schule zukommen können. Dieser Beitrag möchte das Fach vorstellen und Vorteile wie Schwierigkeiten nennen.

Was ist Darstellendes Spiel?
Im Fach „Darstellendes Spiel" beschäftigen sich die Schülerinnen und Schüler mit dem Theaterspiel. Sie untersuchen alles, was auf der Bühne für die Wirkung des Stückes wichtig ist. In praktischen Übungen verändern sie zum Beispiel ihre Stimme, bewegen sich auf unterschiedliche Art auf der Bühne oder versuchen, durch Körperhaltung ein Gefühl auszudrücken. Auch Musik, Beleuchtung, Kostüm und Bühnenbild gehören dazu. Sie lernen, all diese Mittel einzusetzen, um eine gewünschte Wirkung zu erzielen. Am Ende einer längeren Probezeit werden meist einige Spielszenen oder gar ein komplettes Theaterstück vor Publikum aufgeführt.
In diesem Fach kommen viele Aspekte aus anderen Fächern wie Deutsch, Sport, Sprachen, Kunst und Musik zusammen.
Wichtig ist auch, dass das Lernen in einer Gruppe geschieht, die man allmählich immer besser kennenlernt.

In Hamburg als erstem Bundesland soll das Fach jetzt ab der Grundschule bis zur 7. Klasse überall eingeführt werden; in den anderen Bundesländern gelten unterschiedliche Regelungen, aber ein Pflichtfach ist es dort wie auch in NRW nicht. An vielen Schulen wird Theater als Arbeitsgemeinschaft oder Wahlkurs angeboten.

Welche Vorteile bietet das Fach?
An jeder Schule gibt es Mädchen und Jungen, die schauspielerisch interessiert sind. Bisher finden sie an unserer Schule kein passendes Angebot. Wenn unser Wahlpflichtbereich erweitert wird, können mehr Schülerinnen und Schüler ihre persönlichen Interessen verfolgen. Wer in der Schule schon mit dem Theater in Berührung kommt, findet hier vielleicht auch eine wichtige Anregung für die spätere Berufswahl.
Das Fach „Darstellendes Spiel“ ist ein handlungsorientiertes Fach, d. h., dass die Lernenden selbst aktiv werden und sich ausprobieren können. Die Verwandlung in einen anderen Menschen, das Ausfüllen verschiedener Rollen macht nicht nur Spaß, sondern fördert allgemein die Entwicklung der Persönlichkeit. Die Wahrnehmung der eigenen Person und des Körpers wird geschult. Wenn man auf der Bühne Sicherheit gewinnt, spielt das für das eigene Selbstbewusstsein auch insgesamt eine große Rolle. Viele Fächer an der Schule erfordern viel einsames Lernen zu Hause; dagegen kann das Darstellende Spiel ein guter Ausgleich sein. Auch für die Schule bedeuten Aufführungen, zu denen öffentlich eingeladen wird, ein schönes Erlebnis, das einen größeren Kreis von Menschen erreicht.

Welche Schwierigkeiten müssen bedacht werden?
Organisatorisch ist es nicht leicht, ein zusätzliches Fach im Stundenplan der Schule zu verankern. Eine Stunde pro Woche ist für diesen Unterricht recht wenig; Doppelstunden wären weit besser geeignet. Bei welchem Fach kann man Stunden kürzen, um für das neue Fach Kapazitäten zu haben? Die Kernfächer brauchen viel Zeit, an der nicht gespart werden kann. Auch einen geeigneten größeren Raum, der noch nicht besetzt ist, findet man oft nicht, und eine entsprechende Technikausstattung für die Aufführungen kostet viel Geld. Ebenfalls schwierig ist es, geeignete Fachlehrer zu finden. Da an den Hochschulen bisher zu wenige ausgebildet werden, finden sich auch in unserem Kollegium keine Fachkräfte.

Wie könnte man einige Schwierigkeiten ausräumen?

Eventuell kann man den Unterricht als Doppelstunden in den Nachmittag verlegen. Als Übungsraum geht zur Not auch ein Klassenzimmer. Für die Aufführung könnte man die Aula oder die Turnhalle nutzen. Vielleicht findet sich eine Lehrerin oder ein Lehrer, die bzw. der ebenfalls theaterbegeistert ist, eine Fortbildung dazu besucht und das Fach übernehmen möchte.

Wenn Lehrer, Schüler und Eltern gemeinsam das Ziel verfolgen, kann das Vorhaben klappen und der Vorhang bald auch in unserer Schule aufgehen.

Quellen:

„Darstellendes Spiel“ im 7. Jahrgang, © IGS Georg-Christoph-Lichtenberg-Gesamtschule Göttingen-Geismar, 2010

Der Schauspieler Matthias Schweighöfer, © Laureus Stiftung Deutschland 2001-2009, http://laureus.de/matthias-schweighoefer, aufgerufen am 6.6.2012

Umfrage Schultheatertreffen, © Kultur & Spielraum e.V. München, 2010, http://www.kulturundspielraum.de/projekt-seiten/schultheater/ ?cat=3, aufgerufen am 6.6.2012

Julia Nolte: Reif für die Bühne, DIE ZEIT, 6.6.2012, Nr. 41 (gekürzt)

2 Texte lesen und verstehen

2.1 Textsorten anhand ihrer Merkmale erkennen

Texte lassen sich prinzipiell in literarische und sachliche bzw. journalistische Textsorten einteilen.
Alle diese Texte weisen in der Regel bestimmte Merkmale auf, anhand derer sie einer Textsorte zugeordnet werden können. Nicht immer müssen alle Merkmale gegeben sein, um eine Textsorte „identifizieren" zu können.
Die Textsorten, die für den Mittleren Schulabschluss unbedingt bekannt sein müssen, sind im Folgenden aufgelistet.

Literarische Texte

Anekdote

- kurz und oft witzig, v. a. Wortwitz
- häufig Charakterisierung einer bekannten Person, manchmal auch bestimmter gesellschaftlicher Gruppen oder Darstellung besonderer Ereignisse
- oft mit Pointe oder Wendung, die beim Leser Erstaunen oder Überraschung bewirkt

Bekannte Verfasser von Anekdoten sind z. B.:
Johann Peter Hebel,
Heinrich von Kleist.

Kurzgeschichte

- unvermittelter Einstieg
- „gewöhnliche" Personen des Alltags, oft Außenseiter
- ein Alltagsgeschehen
- Darstellung eines kurzen Zeitausschnittes aus dem Leben dieser Personen
- Steigerung des Handlungsverlaufes
- Zusammentreffen von Höhepunkt und Wendepunkt
- offener Schluss

Bekannte Verfasser von Kurzgeschichten sind z. B.:
Wolfgang Borchert,
Heinrich von Kleist,
Herbert Malecha,
Theodor Storm,
Thomas Mann.

Novelle

- aus dem Italienischen: novella = Neuigkeit
- einfacher, geschlossener Aufbau
- Erzählweise häufig auf Pointe ausgerichtet
- zielgerichtet, relativ kurz
- Darstellung einer „unerhörten“, also nicht alltäglichen Begebenheit oder Situation
- oftmals Verwendung von Symbolen

Bekannte Verfasser von Novellen sind z. B.:
Giovanni Boccaccio,
Heinrich von Kleist,
Theodor Storm,
Gottfried Keller,
Thomas Mann,
Günter Grass.

Parabel

- relativ kurz
- lehrhaft, eine Art „Gleichnis“
- Veranschaulichung einer Moral oder Lehre anhand einer konkreten Situation
- Bestandteile: vordergründige Handlung (Bildebene) und tatsächliches Anliegen (Sinnebene)

Ein bekannter Verfasser von Parabeln ist z. B. Erich Kästner.

Satire

- überspitzt, kritisch, spöttisch, bissig, höhnisch
- scharfer Wortwitz
- Kritik an menschlichen und/oder gesellschaftlichen Schwächen/ Miss-Ständen
- keine Bindung an bestimmten Aufbau, bestimmte Form

Ein bekannter Verfasser von Satiren ist z. B. Ephraim Kishon.

Roman

- umfangreiche Prosatexte
- zahlreiche Handlungsstränge: Haupthandlung mit verschiedensten Nebenhandlungen
- größere Anzahl Figuren
- vielfältige Arten des Romans
- vorherrschende literarische Gattung

Bekannte Verfasser von Romanen sind z. B.:
Johann Wolfgang v. Goethe,
Gottfried Keller,
Theodor Fontane,
Thomas Mann,
Franz Kafka,
Max Frisch,
Günter Grass,
Martin Walser.

Gedicht

- in der klassischen Form: Versmaß, Strophen, Reime
- sprachliche Verdichtung
- Wiedergabe von z. B. Stimmungen, Empfindungen, Bezug des Einzelnen zur Gesellschaft etc.
- Inhalt moderner Gedichte ist auch häufig Gesellschaftskritik
- besondere Formen sind z. B. Sonett und Ballade

(→ Kapitel 6.3 Lyrik)

Journalistische Texte

Bericht

- „lange Form“ der Nachricht
- sachliche Überschrift, oft mit Unterüberschrift
- halbfett gedruckter Vorspann: Beantwortung der W-Fragen zu einem Sachverhalt, einem Ereignis
- Hauptteil: ausführliche Darstellung, Aufzeigen von Zusammenhängen, Beleuchtung von Hintergründen
- insgesamt nüchtern und objektiv
- ohne Meinungsäußerung und Wertung des Verfassers

Glosse
- eine Art kurzer Kommentar
- Einstieg: aktuelles Ereignis, allgemeines gesellschaftliches Phänomen
- häufig zunächst Distanzierung zum dargestellten Thema, dann unerwartete Wendungen/Zuspitzung auf eine Pointe hin
- sprachlich sehr anspruchsvoll
- Ironie, Übertreibung, Wortwitz
- häufig sehr scharfzüngig und bissig
- unterhaltsam und zugleich der Meinungsbildung dienlich
- in Zeitschriften häufig als sogenannte Kolumne gedruckt

Reportage
- Ergebnis von Recherchen (= Nachforschungen)
- Einarbeitung von Interviews, die der Autor am Ort der Recherchen geführt hat
- vielfach Äußerungen von Personen in wörtlicher Rede
- Wechsel von sachlich-informierenden Textstellen mit persönlich-schildernden Darstellungen
- oft auch Wechsel der Zeitstufe
- erklärende, ergänzende Illustrationen
- Angabe der Verfasserin/des Verfassers

Kommentar
- erscheint in der Regel in Verbindung mit einer Meldung oder einem Bericht
- häufig „Stammplatz“ in Zeitungen
- zustimmende oder ablehnende Haltung des Autors deutlich erkennbar
- argumentativer Aufbau
- Abwägen verschiedener Standpunkte
- Angabe der Autorin /des Autors
- Ziel: Meinungsbildung beim Leser

Lautet die Aufgabe, die Textsorte zu bestimmen, so muss die Einordnung in der Regel anhand geeigneter Textstellen belegt werden. Nach nochmaligem genauem Durchlesen des Originaltextes sind die Textstellen zu markieren, die zu einem bestimmten Textsortenmerkmal passen. Eine andere Variante ist es, das Merkmal am Rand des Textes zu notieren.

Textgrundlage: Anna Schopf „Die Alleskönner"

Die Alleskönner

Sie haben morgens um acht schon gejoggt und spanisch gelernt, ihre Partys sind immer rauschend, ihre Hobbys vielzählig. Und sie gehen unserer Autorin Anna Schopf gehörig auf die Nerven.

Meine Bekannte Jana ruft zu den unmöglichsten Zeiten an. Etwa samstags, wenn ich mich gerade aufs Sofa gelegt habe, um nichts zu tun. Jana tut immer sehr viel und hat deshalb, wenn sie mich anruft, auch eigentlich keine Zeit. Jana: „Ich hab auch eigentlich keine Zeit, wollte nur fragen: Kommst du zu meiner Party?" Mhm. „Ist nur im kleinen Kreis, so 40 Leute." Aha. „Also. Ich muss los. Training, dann Treffen mit Max, heute Abend auf diese Shoperöffnung." Mhm. „Und du?" Und ich? „Och, nix weiter", sage ich. Und dann lege ich ein Kissen auf mein Gesicht, um die Schreie zu dämpfen.

Es gibt zwei Arten von Menschen: die Janas. Und die Nicht-Janas. Die Nicht-Janas haben kein Problem damit, nichts zu tun. Sie liegen ganze Wochen lang auf dem Sofa und lesen die Sonntagszeitung am Mittwoch, sie bringen ihr Altglas erst weg, wenn sich die Küchentür nicht mehr öffnen lässt, sie hängen keine Weihnachtsdeko auf, weil man die nach vier Wochen eh wieder abhängen muss. Ihr Leben wäre schön. Gäbe es nicht die Janas, die ihnen mit ihrer Daueraktivität ein schlechtes Gewissen machen. Janas ruhen nie. Sie machen morgens Yoga und abends Pilates, sie backen am Sonntag Törtchen, die sie montags ins Büro mitbringen, sie belegen einen Spanischkurs, damit sie sich beim Trekking in Chile verständigen können, ihre Partys sind rauschend, ihre Haare gepflegt, ihre Steuererklärungen erledigt. Sie verraten einem, wie man aus drei Orangenkisten einen tollen Couchtisch baut. Ohne dass man danach gefragt hätte!

Janas geben einem das Gefühl, dass man selbst nie genug unternimmt, anpackt, erlebt. Nicht, dass sie danach fragen würden, das würde sie nur in ihrem konstanten Redefluss unterbrechen. Ihr Leben ist wie ein 24-Stunden-Nachrichtenticker. Und sie erwarten, dass man zuschaltet. Wenn niemand von ihren Taten und Erfolgen erfährt, wäre das ja, als wären sie nicht passiert.

Man kann sie beneiden, sogar bewundern, mögen kann man sie nicht. Ehrlich gesagt sind sie noch nicht einmal besonders interessant.Sie kennen keine lustigen Geschichten über verpasste Deadlines und vermurkste Urlaube, sie wissen nicht, wie befreiend es ist, etwas auch mal nicht zu können. Sie können schließlich alles. Und besser. Egal, wie schlau, gewitzt und erfolgreich man ist -, sie stellen sich als noch witziger, schlauer und erfolgreicher dar. Egal, ob man rhetorisch gewandt ist, sie haben trotzdem immer das letzte Wort. Ihr wahres Talent ist nicht, alles zu können, sondern nur so zu tun. So perfekt wie sie kann einfach kein Mensch sein. Bestimmt sehnen sie sich sogar manchmal danach, zu scheitern. Sie können es nur nicht zugeben. Eigentlich sollte man Mitleid mit ihnen haben. Eigentlich.

Meine Jana will neuerdings auch im Nichtstun triumphieren. Einen ganzen Samstag hat sie zur Entspannung eingeplant. Ich habe die Gelegenheit genutzt, sie anzurufen: „Ich hab gar keine Zeit, wollte nur sagen, dass ich am Wochenende nach Köln fahre, da dann aufs Konzert gehe und später auf diese tolle Party. Und du?“

(Aus: Zeitschrift Maxi, Ausgabe Juni 2008, S. 114)

Textsortenbestimmung

BEISPIEL

Bei dem Text „Die Alleskönner“ handelt es sich um eine Glosse, was an mehreren Merkmalen belegt werden kann.

Anna Schopf schreibt über ein **allgemeines gesellschaftliches Phänomen:** Die Menschen gehen mit ihrer freien Zeit unterschiedlich um. Als Beispiele dienen die Autorin selbst und ihre Freundin Jana. „... wenn ich mich gerade aufs Sofa gelegt habe, um nichts zu tun“ (Z. 7) und „Jana tut immer sehr viel ...“ (Z. 8).
Zunächst distanziert sich die Autorin vom Verhalten ihrer Freundin „Man kann sie beneiden, sogar bewundern, mögen kann man sie nicht“ (Z. 35), der Text endet jedoch mit der überraschenden Wendung, dass beide Frauen in gewisser Weise die Rollen tauschen, was durch die Sätze „Meine Jana will neuerdings auch im Nichtstun triumphieren. Einen ganzen Samstag hat sie zur Entspannung eingeplant“ (Z. 47 f.) sowie „Ich hab gar keine Zeit, wollte nur sagen ...“ (Z. 49) gelingt.
Übertreibungen: „... sie bringen ihr Altglas erst weg, wenn sich die Küchentür nicht mehr öffnen lässt ...“ (Z. 18 f.), **bissige und ironische Textpassagen:** „Sie verraten einem, wie man aus drei Orangenkisten einen tollen Couchtisch baut. Ohne dass man danach gefragt hätte!“ (Z. 26 ff.), und die **anspruchsvollen Formulierungen:** „Egal, ob man

rhetorisch gewandt ist, sie haben trotzdem immer das letzte Wort. Ihr wahres Talent ist nicht alles zu können, sondern nur so zu tun“ (Z. 41 ff.) deuten ebenfalls auf die Textsorte „Glosse“ hin. Anna Schopf gelingt es mit ihrem Text, einerseits die Leser zu **unterhalten,** sie andererseits aber auch dazu anzuregen, sich über die eigene Art der Freizeitgestaltung **Gedanken zu machen.**

2.2 Informationen in Beziehung zueinander setzen

Ein journalistischer Text bietet oftmals durch seine Aufmachung (Layout) Informationen, die über den eigentlichen Inhalt des Textes hinausgehen.
Zu den Gestaltungsmitteln zählen:

- Überschrift/Headline
- Unterüberschrift
- Angabe der Rubrik
- Vorspann
- Spaltendruck
- Zeilenangaben
- Zwischenüberschriften
- Initiale
- Illustrationen (Fotos, Zeichnungen etc.)
- Bildunterschriften
- Grafiken
- Name des Verfassers; evtl. weitere Informationen zum Verfasser
- Quellenangaben

Durch die verschiedenen Elemente des Layouts

- wird die Neugierde des Lesers geweckt.
- erhält der Leser einen ersten Überblick über den Textinhalt, ohne den gesamten Text lesen zu müssen.
- wird der Textinhalt ergänzt oder veranschaulicht.
- gelingt dem Leser leichter die Orientierung im Text.
- lenkt der Verfasser das Augenmerk des Lesers auf bestimmte Textpassagen/Textinhalte.
- bekommt der Leser zusätzliche Informationen.
- wirkt der Text übersichtlicher.

Welche Elemente zum Layout gehören, lässt sich erkennen, wenn man sich überlegt, welche Informationen der Text seinem Leser bereits auf den ersten Blick gibt, ohne dass der ihn zuvor gelesen hat.
Es ist stets genau auf die Fragestellung im Rahmen von Textanalysen zu achten. Selten wird eine reine Auflistung der Layout-Elemente verlangt. In der Regel muss diese Auflistung durch die Wirkung, die ein Layout-Element erzielt, ergänzt werden. Die reine Beschreibung der Gestaltungselemente ist also mit der Wirkung in Beziehung zu setzen.

Analyse des Layouts „Die Alleskönner“

BEISPIEL

Die **Überschrift** „Die Alleskönner“ ist fett gedruckt und lenkt den Blick des Lesers auf den Artikel. Zudem wird Neugierde geweckt, da niemand im Leben alles kann. Der Leser fragt sich demnach, wer diese „Alleskönner“ wohl sein mögen. In dem kurzen **Vorspann** bekommt er bereits erste Informationen: Alleskönner sind Menschen, die in gewisser Weise perfekt wirken, dabei jedoch den Mitmenschen auf die Nerven fallen.
Die Einteilung des Textes in **Spalten** erleichtert die Orientierung. Der Text wirkt insgesamt übersichtlicher. Als Blickfang dient das sehr groß geschriebene, fett gedruckte **Initial** „M“. Als **Eyecatcher,** zwischen beiden Spalten, findet sich eine der Hauptaussagen des Textes, nämlich, dass auch diese sogenannten Alleskönner im Leben gern einmal scheitern würden. Wie bedeutend dieser Wunsch ist, kommt dadurch zum Ausdruck, dass das Wort *scheitern* **hervorgehoben** ist. Ein **Foto,** auf dem zwei Frauen artistische Übungen vorführen, versehen mit der **Bildunterschrift** „Ach, übrigens ....“, **veranschaulicht** den Textinhalt.

Rubrik

Überschrift/Headline

LEBEN

Die ALLESKÖNNER

Sie haben morgens um acht schon gejoggt und Spanisch g *Vorspann* ihre Partys sind immer rauschend, ihre Hobbys vielzählig. Und sie gehen unserer Autorin Anna Schopf gehörig auf die Nerven ...

Initial

Meine Bekannte Jana ruft zu den unmöglichsten Zeiten an. Etwa samstags, wenn ich mich gerade aufs Sofa gelegt habe, um nichts zu tun. Jana tut immer sehr viel und hat deshalb, wenn sie mich anruft, auch eigentlich keine Zeit. Jana: „Ich hab auch eigentlich keine Zeit, wollte nur fragen: Kommst du zu meiner Party?“ Mhm. „Ist nur im kleinen Kreis, so 40 Leute.“ Aha. „Also. Ich muss los. Training, dann Treffen mit Max, heute Abend auf diese Shop-Eröffnung.“ Mhm. „Und du?“ Und ich? „Och, nix weiter“, sage ich. Und dann lege ich ein Kissen auf mein Gesicht, um die Schreie zu dämpfen. Es gibt zwei Arten von Menschen: die Janas. Und die Nicht-Janas. Die Nicht-Janas haben kein Problem damit, nichts zu tun. Sie liegen ganze Wochenenden lang auf dem Sofa und lesen die Sonntagszeitung am Mittwoch, sie bringen ihr Altglas erst weg, wenn sich die Küchentür nicht mehr öffnen lässt, sie hängen keine Weihnachtsdeko auf, weil man die nach vier Wochen eh wieder abhängen muss. Ihr Leben wäre schön. Gäbe es nicht die Janas, die ihnen mit ihrer Daueraktivität ein schlechtes Gewissen machen.

Sich sehnen sich danach, mal zu **SCHEITERN;** können es aber nicht zugeben.

Eyecatcher

Janas r *Spalten* abends Pilates, sie backen am Sonntag Törtchen, die sie montags ins Büro mitbringen, sie belegen einen Spanischkurs, damit sie sich beim Trekking in Chile verständigen können, ihre Partys sind rauschend, ihre Haare gepflegt, ihre Steuererklärungen erledigt. [...] Janas geben einem das Gefühl, dass man selbst nie genug unternimmt, anpackt, erlebt. Nicht, dass sie danach fragen würden, das würde sie nur in ihrem 24-Stunden-Nachrichtenticker. Und sie erwarten, dass man zuschaltet. Wenn niemand von ihren Taten und Erfolgen erfährt, wäre das ja, als wären sie nicht passiert. Man kann sie beneiden, sogar bewundern, mögen kann man sie nicht. Ehrlich gesagt sind sie noch nicht mal besonders interessant. Sie kennen keine lustigen Geschichten über verpasste Deadlines und vermurkste Urlaube, sie wissen nicht, wie befreiend es ist, etwas auch mal nicht zu können. Sie können schließlich alles. Un *Illustration/Foto* folgrei iger, schlauer und erfolgreicher dar. Egal, ob man rhetorisch gewandt ist, sie haben trotzdem immer das letzte Wort. Ihr wahres Talent ist nicht, alles zu können, sondern nur so zu tun. So perfekt wie sie kann einfach kein Mensch sein. Bestimmt sehnen sie sich sogar manchmal danach, zu scheitern. Sie können es nur nicht zugeben. Eigentlich sollte man Mitleid mit ihnen haben. Eigentlich. Meine Jana will neuerdings auch im Nichtstun triumphieren. Einen ganzen Samstag hat sie zur Entspannung eingeplant. Ich habe die Gelegenheit genutzt, sie anzurufen: „Ich hab gar keine Zeit, wollte nur sagen, dass ich am Wochenende nach Köln fahre, da dann aufs Konzert gehe und später auf diese tolle Party. Und du?“

„Ach, übrigens, samstags bin ich jetzt auch noch beim Zirkus-Workshop“

Bildunterschrift

2.3 Adressaten und Intention analysieren

Folgende Absichten könnte ein Autor beispielsweise mit seinem Text verfolgen:

- den Leser unterhalten
- informieren
- einen Sachverhalt klarstellen
- zum Nachdenken anregen
- Probleme verdeutlichen
- auf bestimmte Situationen aufmerksam machen
- Kritik an einem Sachverhalt, einem Phänomen üben
- etwas oder jemanden verspotten
- die Neugier des Lesers wecken
- jemanden vom eigenen Standpunkt überzeugen
- den Leser zu etwas aufrufen
- die Gefühle des Lesers ansprechen
- Möglichkeiten zur Identifikation mit einem Problem, einer Figur schaffen
- eine Verhaltensänderung beim Leser erreichen

Viele Texte wenden sich zwar an ein breites Publikum, dennoch lässt sich aufgrund der Thematik, der verwendeten Sprache, dem Erscheinungsort, der äußeren Aufmachung oft die Zielgruppe eingrenzen. Überlegt man sich, welche Zielgruppe der Autor mit seinem Text im Blick haben könnte, so gibt dies indirekt Hinweise auf mögliche Absichten.

TIPP

In der Regel lässt sich die Absicht nicht nur auf eine oder zwei der genannten Möglichkeiten eingrenzen. Zwar gibt es häufig eine Intention, die im Zentrum steht, andere Absichten spielen dennoch oft eine untergeordnete Rolle und werden auf den ersten Blick vom Leser nicht wahrgenommen.
Die mögliche Autorenabsicht sollte genau durchdacht werden!

Analyse der Autorenabsicht/Zielgruppe

BEISPIEL

Da der Text in einer Frauenzeitschrift erschienen ist, richtet sich Anna Schopf wohl in erster Linie an **Leserinnen.**

Sie stellt sehr ironisch und witzig zwei Gruppen von Frauen vor: die Janas, die nur glücklich sind, wenn sie ständig etwas tun und anderen davon erzählen können, und die Nicht-Janas, die keine Probleme haben, in der Freizeit zu faulenzen. Die Absicht ist dabei sicherlich, beide Gruppen zu ermutigen, das Verhalten der anderen zu tolerieren. Frau Schopf appelliert zudem an die Leserinnen, **das eigene Verhalten zu überdenken.** In erster Linie möchte der Text die Leserin jedoch **unterhalten.**

2.4 Diagramme auswerten

Üblicherweise beziehen sich Diagramme auf Statistiken. Bei der Erstellung einer Statistik werden Daten erhoben, die als sogenannte absolute Zahlen oder als Prozentzahlen wiedergegeben werden können.

Für diese Zahlen gibt es verschiedene Darstellungsmöglichkeiten:
- Säulendiagramm
- Balkendiagramm
- Kreisdiagramm
- in Form einer Kurve

Die Auswertung eines Diagramms erfolgt ähnlich wie die Erschließung eines Textes:
- genaue Betrachtung
- lesen aller Angaben und – falls vorhanden – des Begleittextes
- markieren wichtiger Begriffe
- überlegen, welcher Gegenstand bzw. welche konkrete Frage dem Diagramm zugrunde liegt
- erschließen, welche Personengruppen befragt wurden
- analysieren, welche Folgerungen aus den dargestellten Daten für den untersuchten Sachverhalt gezogen werden können

TIPP

Bei Erörterungsthemen, manchmal auch bei weiterführenden Schreibaufgaben wird häufig zusätzliches Informationsmaterial gestellt.
Jedoch stehen nicht immer alle Informationen aus den Diagrammen in direktem Zusammenhang mit dem Thema oder lassen sich tatsächlich sinnvoll einbauen. Der Verfasser muss selbst die richtige Auswahl der Informationen treffen.

Auswerten von Grafiken

BEISPIELE

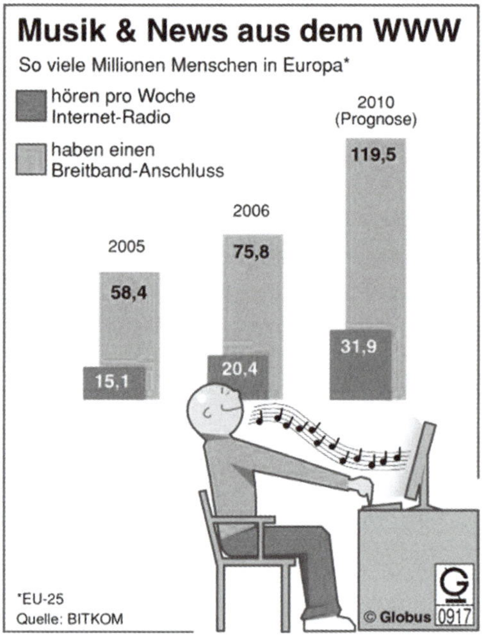

© picture-alliance/Globus Infografik

Die Darstellung oben erfolgt als **Säulendiagramm.**

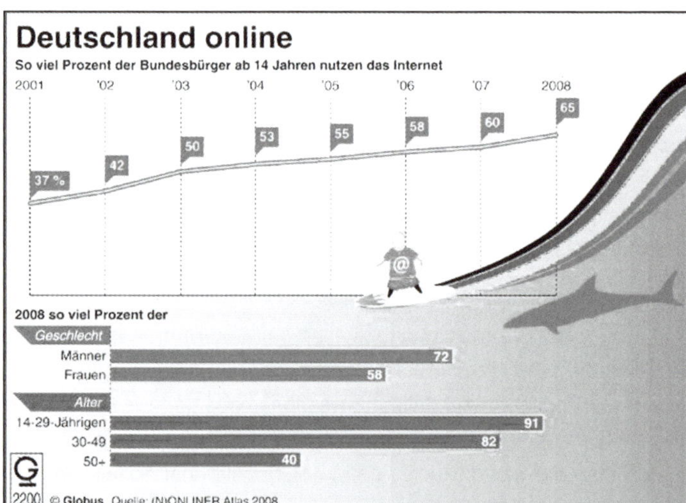

© picture-alliance/Globus Infografik

Aus dem Diagramm „Deutschland online“ lässt sich beispielsweise ablesen:

- Auch Menschen, die über fünfzig Jahre alt sind, werden erfasst.
- Zwei Drittel der Bundesbürger ab vierzehn Jahren nutzen das Internet regelmäßig.
- Das Internet wird von Frauen weniger genutzt als von Männern.
- Je älter die Menschen derzeit sind, desto weniger nutzen sie das Internet.
- Die Gruppe der 14- bis 29-Jährigen stellt die Hauptgruppe der Internetnutzer.

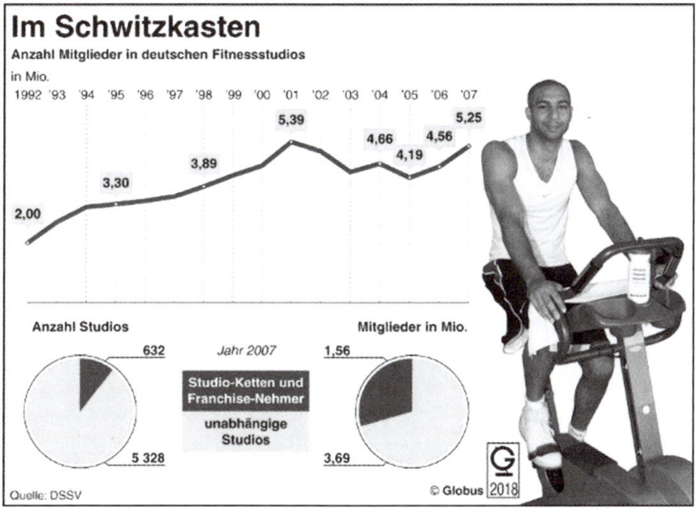

© picture-alliance/Globus Infografik

Aus dem Diagramm „Im Schwitzkasten“ lässt sich beispielsweise ablesen:

- 1992 trainierten im Vergleich zu 2007 weniger als die Hälfte Sportbegeisterter in den deutschen Fitnessstudios.
- Bis zum Jahr 2001 stieg die Zahl der Mitglieder kontinuierlich an.
- Es gibt mehr unabhängige Studios als Studioketten.
- Über ein Viertel aller Mitglieder trainieren in Studios von Studioketten oder Franchisenehmern.
- 3,69 Millionen Mitglieder trainierten in unabhängigen Studios.
- Weniger als tausend Studios gehörten 2007 in Deutschland zu Studioketten oder Franchisenehmern.

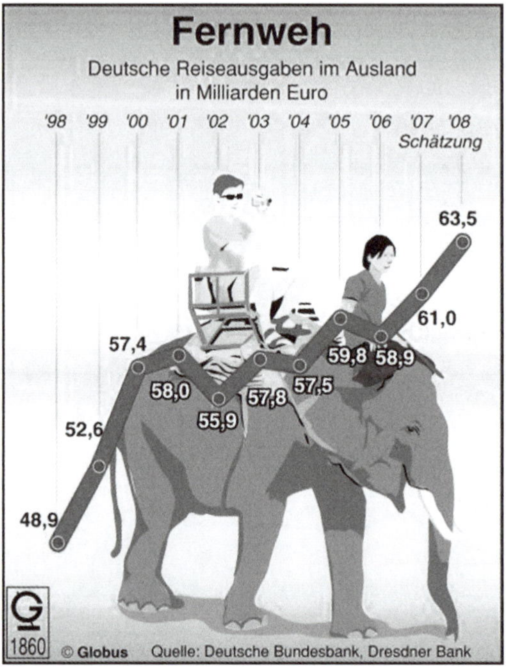

© picture-alliance/Globus Infografik

Beispiel für die Ausformulierung der Analyse:

Die Grafik „Fernweh" bezieht sich auf Reisen der Deutschen ins Ausland. Waren es im Jahr 1998 48,9 Milliarden Euro, die Deutsche ausgaben, so stieg die Zahl bis zum Jahr 2000 kontinuierlich auf 57,4 Milliarden an. Von 2000 bis 2001 ergibt sich nur eine geringe Steigerung. Im Jahr 2002 sinkt die Zahl sogar wieder leicht ...

Bei den Reiseausgaben der Jahre 2007 und 2008 ist zu beachten, dass es sich um eine Schätzung handelt.

Insgesamt dürften die Reiseausgaben 2008 eine Rekordhöhe von 63,5 Milliarden Euro erreichen, das sind 14,6 Milliarden Euro mehr als zehn Jahre zuvor.

3 Sprache kennenlernen

3.1 Wortwahl, Satzbau und Sprachebene untersuchen

Untersucht man die **Sprache,** konzentriert man sich auf:

Wortwahl

Das gehäufte Auftreten von verschiedenen **Wortarten:**

Wörter	Wirkung
Substantive	■ stellen Sachverhalte klar und präzise dar ■ wirken sehr offiziell, „amtlich" ■ gehäufte Verwendung von Substantiven und substantivierten Verben: Nominalstil
Verben	■ Schwerpunkt liegt auf Handlung ■ machen den Textinhalt lebendig ■ wirken anschaulich ■ gehäufte Verwendung von Verben: Verbalstil
Adjektive	■ veranschaulichen die Situation ■ unterstützen die bildliche Vorstellung ■ werden häufig zum Zwecke des Schilderns verwendet

Das gehäufte oder wiederholte Auftreten verschiedener **Wörter:**

Wörter	Wirkung
Schlüsselwörter	■ verdeutlichen die Wichtigkeit dieser Begriffe für den Textinhalt ■ prägen sich beim Leser ein

Wörter	Wirkung
Fremdwörter	■ zeigen – je nach Textinhalt – das Bildungsniveau des Autors ■ sprechen einen bestimmten gebildeten Leserkreis an ■ können den Textinhalt untermauern
Modewörter	■ zeigen auf, an welche Zielgruppe der Text gerichtet ist ■ lassen den Text „up to date“ erscheinen
Fachbegriffe	■ unterstützen den Textinhalt ■ vermitteln Kompetenz ■ drücken bestimmte Sachverhalte präziser aus als Umschreibungen

Satzbau

Die überwiegende Verwendung von **Satzreihen** bzw. **Satzgefügen:**

Satzbau	Wirkung
Satzreihen (= unverbundene oder durch nebenordnende Konjunktionen verknüpfte Hauptsätze)	■ sind leicht verständlich ■ wirken klar strukturiert
Satzgefüge (= Verknüpfung von Hauptsatz und durch unterordnende Konjunktionen eingeleiteten Nebensatz)	■ wirkt sehr lebendig ■ dient oftmals der Darstellung komplexer Handlungsstrukturen ■ spricht durch anspruchsvollen Satzbau gebildetes Publikum an

Die überwiegende Verwendung bestimmter **Satzarten:**

Satzart	Wirkung
Aussagesatz	■ wirkt eher statisch ■ gibt Fakten wieder
Fragesatz	■ bezieht den Leser mit ein ■ regt zum Nachdenken an
Ausrufesatz	■ zeigt emotionale Betroffenheit der Textfiguren ■ macht den Text lebendig ■ spricht den Leser indirekt mit an

Untersucht man die **Sprachebene,** konzentriert man sich auf:

Sprachebene	Wirkung
Hochsprache/ Standardsprache	■ wirkt formell und sachlich ■ ist die „offizielle“ und daher unauffällige Sprachebene bei Texten
Umgangssprache	■ findet sich v. a. bei der Wiedergabe von Dialogen oder inneren Monologen bestimmter Figuren aus dem Text ■ macht die Figuren oder den Textinhalt glaubwürdiger
Dialekt/ Mundart	■ gibt sehr wirklichkeitsgetreu Gedanken, Worte und Gefühle von Textfiguren wieder ■ spricht v. a. Menschen in den entsprechenden Dialektregionen an ■ wirkt auf viele Menschen, die den Dialekt nicht selbst sprechen oder verstehen, befremdlich
Soziolekt	■ zeigt deutlich, dass sich der Text an eine bestimmte soziale Gruppe wendet, z. B. durch die Verwendung von Jugendsprache, Fachsprache etc.

Bei der Untersuchung der Sprache eines Textes werden lediglich auffällige sprachliche Merkmale genannt. Nur das gehäufte oder wiederholte Auftreten bestimmter sprachlicher Phänomene lässt darauf schließen, dass der Verfasser diese bewusst eingesetzt hat.

3.2 Rhetorische Mittel erkennen

Es gibt eine Vielzahl rhetorischer Mittel, auch Stilmittel genannt, die der Verfasser eines Textes bewusst einsetzen kann, um eine bestimmte Wirkung zu erzielen.
Folgende Stilmittel finden sich am häufigsten in Prüfungstexten:

Alliteration	gleicher Anfangsbuchstabe bei Wörtern, die aufeinander folgen
Anapher	Wiederholung gleicher Satzanfänge
Ellipse	unvollständiger und damit verkürzter Satz
Euphemismus	Beschönigung
Gegenüberstellung	Betonung eines Gegensatzes
Inversion	Umkehrung der üblichen Wortstellung im Text
Ironie	unwahre Aussage, um das Gegenteil auszudrücken
Klimax	stufenweise Steigerung des Inhalts
Metapher	bildhafter Ausdruck mit übertragener Bedeutung, darf nicht wörtlich verstanden werden, eine Art Vergleich ohne die Wörter „wie“/„als“
Neologismus	Wortneuschöpfung
Parallelismus	Wiederholung von gleich konstruierten Sätzen
Personifikation	Übertragung menschlicher Eigenschaften auf Dinge, abstrakte Begriffe oder Tiere

rhetorische Frage	Frage, auf die keine Antwort erwartet wird
Symbol	bildhaftes Zeichen mit großer Allgemeingültigkeit innerhalb einer bestimmten gesellschaftlichen Gruppe/innerhalb der Gesellschaft eines Kulturraumes
Vergleich	Bezugnahme auf eine andere Situation, einen anderen Gegenstand etc., um einen Sachverhalt zu verdeutlichen, Signalwörter: „wie"/„als"
Wiederholung	mehrfacher Gebrauch von Wörtern oder Sätzen

TIPP

Viele der oben genannten Stilmittel können auch den Bereichen *Wortwahl* (z. B. Euphemismus) oder *Satzbau* (z. B. Inversion) zugeordnet werden.

Rhetorische Mittel

BEISPIELE

Die Sonne scheint schon schön warm.
- Alliteration

Wie der Wind lief der Knabe die Treppe hinauf.
- Vergleich

„Wieder verloren", (dachte er.)
- Ellipse

Tage, Wochen, Monate hoffte sie vergebens auf seine Antwort.
- Klimax

Der Wind sang leise im Schilf.
- Personifikation

Auch werde er bald hier sein, betonte er.
- Inversion

Ein Meer von Getreideähren wogte vor dem Fenster des alten Landhauses.
- Metapher

3.3 Die Wirkung rhetorischer Mittel analysieren

Der Einsatz rhetorischer Mittel beabsichtigt stets eine bestimmte Wirkung:

- Der Inhalt einer bestimmten Textstelle wird hervorgehoben.
- Die Aufmerksamkeit des Lesers wird auf etwas gelenkt.
- Der Text erscheint abwechslungsreicher.
- Der Verfasser spricht eine bestimmte Zielgruppe an.
- Der Leser wird einbezogen.
- Ein Sachverhalt wird verdeutlicht.
- Das Interesse des Lesers wird geweckt.

Die Wirkung der rhetorischen Mittel darf nie nur allgemein beschrieben werden, sie ist immer auf eine konkrete Stelle im Text zu beziehen!

BEISPIELE

Mit der **Metapher** „Eine Welle von Schwäche stieg von seinen Knien auf ..." (S. 43, Z. 8) veranschaulicht der Autor die Situation, dass sich Jens Redluff sehr unwohl fühlt. Er ist nervös und hat Angst, entdeckt zu werden. Diese Angst schlägt sich auch in körperlichen Reaktionen nieder.

Die **Klimax** „Und wieder Menschen, Menschen, ein Strom flutender Gesichter, Sprechen und hundertfache Schritte" (Z. 32 f.) verdeutlicht, wie intensiv der gesuchte Verbrecher die Menschenmasse um ihn herum wahrnimmt. Bei jedem Gesicht fürchtet er, dieser Mensch könne ihn vielleicht erkennen. Für den Leser ist diese Textstelle wichtig, da sie in Kontrast zu dem Gefühl der Sicherheit steht, das Redluff später unter Menschen verspürt.

„Konjak, doppelt" (Z. 58) ist eine **Ellipse,** die realistisch wirkt. Wenn wir sprechen, tun wir dies häufig in unvollständigen Sätzen. Die Situation in der Hafenkneipe wird so realitätsnah dargestellt und wirkt auf den Leser überzeugender, als wenn Malecha vollständige, konstruierte Sätze verwenden würde.

3.4 Konjunktionen sinnvoll einsetzen

Um Sätze oder Teilsätze zu verbinden, werden Konjunktionen benutzt. Sie können Hauptsätze miteinander verbinden, Haupt- und Nebensätze oder Nebensatz und Nebensatz.

Verbindet eine Konjunktion zwei gleichrangige Sätze (Hauptsatz und Hauptsatz oder Nebensatz und Nebensatz), so nennt man sie nebenordnende Konjunktion.
Leitet eine Konjunktion einen Nebensatz ein, der von einem Hauptsatz abhängig und von diesem durch ein Komma getrennt ist, so nennt man diese eine unterordnende Konjunktion.

Zu den nebenordnenden Konjunktionen zählen und/oder/aber/denn.

Unterordnende Konjunktionen mit den entsprechenden Arten von Nebensätzen sind:

Aufgabe/ Fragestellung/ Konjunktion	**Beispiel**	**Fachbegriff**
Grund/Ursache **weil, da**	„Da der Autor zahlreiche Metaphern verwendet, gelingt es dem Leser leichter, sich den Textinhalt vorzustellen."	kausaler Nebensatz
Folge/Wirkung **Dass, sodass, so ... dass**	„Die Aussage zeigt deutlich, dass der Verfasser des Textes vor Ort recherchiert hat."	konsekutiver Nebensatz
Bedingung **wenn, falls, sofern**	„Falls der Leser die Ironie im Text nicht erkennt, wird er die gesamte Glosse falsch verstehen."	konditionaler Nebensatz
Zeit **als, bevor, ehe, wenn, nachdem, während**	„Bevor das Textäußere näher beschrieben wird, ist es notwendig, die Textsorte zu bestimmen."	temporaler Nebensatz

Aufgabe/ Fragestellung/ Konjunktion	Beispiel	Fachbegriff
Einschränkung **obgleich, obwohl, wenngleich**	„Obwohl der Leser denkt, er kenne den Fortgang der Geschichte, wirkt das Ende doch sehr überraschend."	konzessiver Nebensatz
Art und Weise **dadurch dass, indem**	„Indem die Autorin offen lässt, wie die Geschichte ausgeht, wird der Leser angeregt, sich seine eigenen Gedanken zu machen."	modaler Nebensatz
Zweck/Absicht **damit**	„Damit der Leser sich besser in die im Text geschilderte Situation einfühlen kann, benutzt der Autor aussagekräftige Adjektive und Verben."	finaler Nebensatz

3.5 Die indirekte Rede richtig verwenden

Wenn die Aussagen oder die Gedanken einer anderen Person wiedergegeben werden sollen, verwendet man die indirekte Rede.
Bei der Umformung eines Satzes von der direkten in die indirekte Rede kommt es zu Veränderungen:

- Die Personalform des Verbs im Indikativ wird in den Konjunktiv I gesetzt.
- Sehr häufig gebrauchte Formen des Konjunktivs I in der 3. Person Singular sind beispielsweise die Formen der Hilfsverben: er sei, er habe, er werde.

- Oft sind Pronomen zu verändern und dem neuen Kontext anzupassen.
- Werden Fragen von der direkten in die indirekte Rede umgeformt, verwendet man die Konjunktion „ob“ oder die entsprechenden Fragewörter aus dem Satz, der umgeformt werden soll.
- Wichtig ist die Zeitstufe, in welcher der Satz steht, der umgewandelt wird. Auch in der indirekten Rede lassen sich Vergangenheit, Gegenwart und Zukunft ausdrücken.

BEISPIEL

„Ich übte die indirekte Rede.“/ „Ich habe die indirekte Rede geübt.“

→ Er *sagt, er* ***habe*** *die indirekte Rede* ***geübt.***

„Ich übe die indirekte Rede.“

→ *Er sagt, er* ***übe*** *die indirekte Rede.*

„Ich werde die indirekte Rede üben.“

→ *Er sagt, er* ***werde*** *die indirekte Rede* ***üben.***

Zwar lautet die Regel, dass Formen, die im Konjunktiv I vom Indikativ im Satz nicht zu unterscheiden sind, durch den Konjunktiv II ersetzt werden müssen, häufig klingen diese Formen jedoch sehr veraltet.

BEISPIEL

Der Lehrer erzählt, die Schüler schwömmen (Konjunktiv II) schon gut.

Diese ungebräuchlichen Formen dürfen durch die Umschreibung mit **würde + Infinitiv** ersetzt werden.
Der Lehrer erzählt, die Schüler ***würden*** *schon gut* ***schwimmen.***

TIPP

Falls in der indirekten Rede ein Nebensatz mit der Konjunktion *dass* eingeleitet wird, darf die Personalform des Verbs im Indikativ stehen bleiben und muss nicht in den Konjunktiv I umgewandelt werden. *dass* dient hier bereits als Erkennungsmerkmal für die indirekte Rede!

3.6 *das* und *dass* richtig verwenden

das mit einfachem „s“

- ***das* als Artikel**

BEISPIEL **das** schrille Quietschen der Bremsen

→ kann durch den unbestimmten Artikel „ein“ ersetzt werden:
ein schrilles Quietschen der Bremsen

- ***das* als Relativpronomen**

BEISPIEL *Das Auto,* ***das*** *Jens Redluff beinahe angefahren hätte …*

→ kann durch das Relativpronomen „welches“ ersetzt werden

- ***das* als Demonstrativpronomen**

BEISPIEL ***Das*** *hätte ihm gerade doch gefehlt …*

→ kann durch das Demonstrativpronomen „dies“ ersetzt werden

TIPP

Im süddeutschen Raum kann *das* häufig auch durch das Dialektwort *des* ersetzt werden!

***dass* mit „ss“**

- ***dass* als Konjunktion**

BEISPIEL *Er achtete darauf,* ***dass*** *sie ihn nicht streiften.*

VORSICHT: Die Konjunktion *dass* kann durch kein anderes Wort ersetzt werden!

BEISPIEL

Dass (Konjunktion) man bei einer Textanalyse immer darauf achten muss, auch aus dem Text zu zitieren, habe ich inzwischen gelernt. Das (Artikel) Merkmal, das (Relativpronomen) ich nenne, muss ich anhand einer geeigneten Textstelle „untermauern“. Das (Artikel) Finden dieser Textbelege fällt mir meist leicht. Auch dass (Konjunktion) ich die Sprache eines Textes genau betrachten soll, habe ich verstanden. Das (Artikel) rhetorische Mittel, das (Relativpronomen) ich am interessantesten finde, ist die Metapher. Dass (Konjunktion) ein Autor aus ein und demselben Bereich zahlreiche Metaphern verwenden kann, zeigt sich in der Kurzgeschichte „Die Probe“: Die meisten Metaphern haben etwas mit dem Thema „Wasser“ zu tun. Das (Demonstrativpronomen) hatte ich zuerst gar nicht bemerkt.

3.7 Kommas richtig setzen

Kommas sind unbedingt erforderlich

- zwischen Hauptsatz und Hauptsatz (außer bei der Verwendung von *und* bzw. *oder*).
- zwischen Hauptsatz und Nebensatz.
- zwischen Teilen einer Aufzählung, das können gleichrangige Wörter, Wortgruppen oder Sätze sein.

- vor Infinitiv- oder Partizipgruppen, wenn diese durch ein hinweisendes Wort oder eine Wortgruppe angekündigt oder wieder aufgenommen werden.
- bei nicht notwendigen Einschüben.

BEISPIEL

„Rezept" für einen textgebundenen Aufsatz

Bevor du mit dem Schreiben beginnst, solltest du dir zunächst unbedingt den Text, der zu bearbeiten ist, gut durchlesen.

Danach widmest du deine Aufmerksamkeit der Aufgabenstellung, die du möglichst gut erfassen musst.

Manchmal findest du die Fragen nach Textsorte, Inhalt oder Absicht des Autors als getrennte Aufgabenstellungen, bisweilen aber auch innerhalb einer Frage formuliert.

In der Einleitung gibst du dem Leser Informationen zu Autor, Titel, Textsorte, Quelle und denkst daran, den Textinhalt in ein oder zwei Sätzen zusammenzufassen.

Der Hauptteil richtet sich nach der Fragestellung.

Den Schluss einer Textanalyse fasst du möglichst knapp, dabei bedenkst du, dass der Schluss einen bleibenden Eindruck beim Leser hinterlässt - es ist das Letzte, was von deinem Aufsatz gelesen wird, und haftet daher besonders gut im Gedächtnis.

4 Präsentationen vorbereiten und durchführen

4.1 Informationssuche

Der erste Weg, um an Informationen zu einem Thema zu kommen, ist heutzutage in der Regel die Suche im **Internet.** Suchmaschinen, weiterführende Links, die Internetauftritte von Organisationen etc. können sehr nützlich bei der Vorbereitung eines Referats sein.
Daneben gibt es jedoch auch die „konventionelle“ Methode, nämlich in **Leihbüchereien** oder **Buchhandlungen** nach Informationsmaterial zu suchen. Meist ist das Auffinden von Informationen nicht schwierig, deutlich anspruchsvoller ist die Aufgabe, das Gefundene auszuwerten.

4.2 Auswertung der Informationen

TIPP

Textinhalte sind nicht automatisch sachlich, objektiv und richtig, nur weil sie in Büchern abgedruckt oder im Internet eingestellt sind. Überprüfe deine Informationen stets darauf, ob sie wirklich sachlich sind oder manipulativ, d. h., ob der Verfasser dem Leser unbemerkt seine eigene Meinung aufdrängen will und keinen Platz für eigene Gedanken lässt.
Das Informationsmaterial wird ähnlich den bereits vorgestellten Methoden zur Textanalyse und Auswertung von Diagrammen untersucht.
Wesentliche Informationen werden im Text markiert, am Rand zusammengefasst, wichtige Zitate werden aus dem Text übernommen, zentrale Aussagen in eigenen Worten erklärt. Hilfreich können hierbei Leitfragen/W-Fragen sein!

4.3 Die Gliederung des Vortrags

Jeder gelungene Vortrag hat eine klar erkennbare Struktur. Nach der **Begrüßung** folgt eine Art **Einleitung,** die die Zuhörer auf den Vortrag vorbereitet und ihr Interesse für das Thema wecken soll.

Möglichkeiten, das **Interesse des Zuhörers zu wecken**, sind:

- das Erzählen eines persönlichen Erlebnisses, einer Anekdote
- das Mitbringen eines Gegenstandes
- das Zeigen von Bildern/Fotos/Modellen zum Thema
- das Herstellen eines lokalen oder aktuellen Bezuges
- das Anbringen eines Zitats
- eine Art Provokation der Zuschauer (Diese darf jedoch nicht beleidigend oder verletzend sein!)

Eine **Überleitung** führt zum eigentlichen **Sachvortrag** hin. Der Vortrag muss klar strukturiert, logisch aufgebaut und fachlich richtig sein. Zudem muss er berücksichtigen, welches Vorwissen das Publikum eventuell bereits zum Thema hat. Eine Zusammenfassung am **Schluss** rundet den Vortrag ab. Ein unbeholfenes „So, das war's jetzt" oder ein hilfloses Schweigen am Ende des Referats zerstören den Gesamteindruck!

Möglichkeiten, einen Vortrag abzuschließen, sind:

- die bildliche Darstellung wesentlicher Zusammenhänge
- das grobe Zusammenfassen und Bewerten der wichtigsten Fakten
- die Äußerung eines Wunsches/einer Zukunftsvision
- die Rückkehr zum Ausgangspunkt des Vortrags

Am Ende eines jeden Vortrags steht der Dank an die Zuhörer, die dem Redner ihre Aufmerksamkeit geschenkt haben.

Präsentationsmedien, die helfen können, die Inhalte des Vortrags zu visualisieren/veranschaulichen:

- Flipchart (Metallständer, an dem ein Block im DIN-A0-Format zu befestigen ist)
- Tafel und Kreide
- Pinnwand/Stellwand/Moderationswand (wird mit Kartonkärtchen und Pinnwandnadeln genutzt)
- Overheadprojektor/Tageslichtprojektor mit beschriebenen oder bedruckten Folien
- Beamer und Notebook
- Plakate

5 Literaturepochen

Im Laufe der Jahrhunderte hat sich das Denken und Handeln der Menschen auf vielfache Weise verändert. Ein Ausdruck dieser Umwälzungen ist die Art zu schreiben. In ihr spiegeln sich die Gedanken und Verhaltensweisen der Menschen in bestimmten Epochen wider. Veränderungen spielten sich jedoch nicht nur in der Literatur ab, sondern oft in der Musik, Malerei und Politik sowie der Philosophie zugleich. Man darf also ein literarisches Werk nicht nur aus einer Perspektive betrachten, sondern muss sich an den epochenspezifischen Einflüssen orientieren, um es aus seiner Zeit heraus zu verstehen.
Auf diese Weise entstand die Einteilung der Literatur in Epochen. So waren beispielsweise die Menschen am Ende des 18. Jahrhunderts von den Ereignissen um die Französische Revolution betroffen. Die Dichter schrieben Werke, in denen die Protagonisten zum „Kampf gegen die Tyrannen“ aufforderten. Der Sammelbegriff für diese revolutionäre Dichtkunst ist „Sturm und Drang“. Eine literarische Epoche fasst also typische gemeinsame Stiltendenzen, Inhalte, häufig vorkommende Merkmale, Textformen und ethische Vorstellungen zusammen.

Epochen lassen sich selten mit einem genauen Datum kennzeichnen. Der Übergang von einer Epoche zur anderen ist oft fließend. Während ein Dichter noch im Geist der einen Epoche schreibt, verfasst ein anderer schon Werke nach Art der darauffolgenden Epoche. Es ist auch möglich, dass Werke eines Autors unterschiedlichen Epochen zugeordnet werden können, da sein dichterisches Schaffen sich dem Wandel der Zeit mehrfach angepasst hat. Manche Schriftsteller lassen sich keiner Epoche zuordnen, so zum Beispiel Friedrich Hölderlin, Jean Paul, Heinrich von Kleist und Franz Kafka. Ihre Dichtung ist so individuell, dass sie keinem Epochenschema untergeordnet werden kann.

5.1 Althochdeutsche Dichtung

In der frühmittelalterlichen Literatur spielt das Christentum und seine Auseinandersetzung mit den Heiden eine große Rolle. Zeitgleich findet in Europa die Missionierung ganzer Volksstämme statt, die zum Ziel hat, heidnische Vorstellungen und Lebensformen zu unterdrücken und in christlichem Sinne umzuwandeln.
Bücher werden zu dieser Zeit in Klöstern geschrieben. Mönche und Priester sind oft die einzigen, die lesen und schreiben können. Der Schwerpunkt der Dichtkunst liegt also auf christlichen Werken, die vorwiegend in Latein geschrieben werden. Zur deutschsprachigen Literatur der Zeit gehören die Übersetzungen lateinischer Psalmen und Gebete, die für die Missionierung eingesetzt werden können.
Ein bekanntes Beispiel ist der „Heliand". Ein niedersächsischer Geistlicher versucht, das Evangelium der germanischen Gedankenwelt anzupassen. Kriegerische Auseinandersetzungen stehen im Mittelpunkt. Der Titel „Heliand" allein gibt Aufschluss darüber, dass der Inhalt der Bibel verändert wurde: Es ist eine Abwandlung des Wortes „Heiland".

In anderen Werken, wie z. B. den „Merseburger Zaubersprüchen" wird versucht, dem heidnischen Aberglauben noch ein Stück weit Raum zu geben. Der Fuß eines Pferdes wird durch einen Zauber geheilt, den eine germanische Gottheit vollbringt. Man erkennt daran auch, dass es den Missionaren schwergefallen ist, die Menschen des Mittelalters von ihrem Vielgötterglauben, in dem jeder Gott bestimmte Aufgaben hat, zum christlichen Ein-Gott-Glauben zu bewegen.

Wichtige Werke der althochdeutschen Dichtung sind:
Merseburger Zaubersprüche (vor 750, benannt nach ihrem Fundort, der Dombibliothek in Merseburg)
Wessobrunner Gebet (nach einer Handschrift aus dem Kloster Wessobrunn, zwischen 770 und 790)
Hildebrandslied (um 800)
Der Heliand (um 830)

5.2 Mittelhochdeutsche Dichtung (ca. 1050 – 1350)

Die Literatur des Hochmittelalters ist stark durch das Rittertum geprägt. Dieses wird im Laufe des 9. und 10. Jahrhunderts immer wichti-

ger, um das Reichsgebiet zu verteidigen und zu erweitern, und erlangt dadurch mehr Ansehen. Rittern war der Zugang zur Adelsschicht möglich.
Die deutschsprachigen Dichter orientieren sich erst spät am französischen Vorbild des Ritterromans. Zur Zeit der Staufer, der kulturellen Blütezeit des Hochmittelalters, mehren sich die Werke, die das Leben und Handeln der Ritter zum Thema haben.

Die Epoche lässt sich in *drei Abschnitte* einteilen:
- frühmittelhochdeutsche Zeit (ca. 1050 – 1180)
- mittelhochdeutsche Blütezeit (ca. 1180 – 1250)
- spätmittelhochdeutsche Zeit (ca. 1250 – 1350)

In der neuen Literatur stehen nicht mehr die christliche Lehre und ihre Verbreitung im Mittelpunkt, sondern die Werte des Rittertums und das Leben der Adeligen bei Hofe. Der Themenkatalog hat die ritterlichen Tugenden als Grundlage:
- *mâze* und *zuht* (Anstand, Mäßigung, Wohlerzogenheit), erreicht durch beständige *arebeit* (Anstrengung)
- *froide* und *hoher muot* (Freude darüber, dem Stand der Ritter anzugehören)
- *êre* (Ansehen, Geltung, Würde)
- *hövescheit* (Beherrschung wichtiger Umgangsformen)
- *triuwe, staete* (Treue und Beständigkeit)
- *milte* (Großzügigkeit)
- (hohe) *minne* (Verehrung der Frauen)

Das Epos (Höfischer Roman)

Das Epos ist die Großform der erzählenden Dichtung. Der höfische Roman soll das (ideale) Leben bei Hofe und die Wertvorstellungen der Adeligen veranschaulichen. Er hat jedoch auch den Anspruch, dass die Menschen aus dem Schicksal der handelnden Personen etwas lernen sollen. Parzival entwickelt sich vom weltfremden Kind in zahlreichen Prüfungen, die er bestehen muss, zum einflussreichen Ritter. Das richtige Auslegen der ritterlichen Tugenden ist dabei hilfreich für ihn.

Die höfische Minne

Minne bedeutet Verehrung der adeligen Frauen, meist durch einen adeligen Dichter. Allerdings gelten für die Minnedichtung einige Regeln:

- Die Frau ist für den Minnesänger unerreichbar.
- Der Dichter steht oft in einem Arbeitsverhältnis zum Auftraggeber (Mäzen). Minnesänger sind Dichter und Interpreten zugleich.
- Es werden Anspielungen auf bestimmte Personen gemacht, sodass jeder am Hof weiß, wer gemeint ist.
- Ziel der Minne ist keine reale Liebesbeziehung, sondern Wertevermittlung und Ästhetik.

Im dritten Abschnitt der mittelhochdeutschen Dichtung (1250 - 1350) sticht „Meier Helmbrecht" von *Wernher der Gartenaere* hervor. Er unterscheidet sich in mehreren Punkten von den höfischen Romanen. Zum einen spielt die Handlung in einem Dorf, die Welt der Bauern und Raubritter wird gezeigt, zum anderen hat er ein tragisches Ende.

Wichtige Autoren und Werke der Epoche sind:

Wolfram von Eschenbach:	*Parzival (Epos)*
Hartmann von Aue:	*Erec, Iwein (Epen)*
Unbekannter Verfasser:	*Nibelungenlied*
Walther von der Vogelweide:	*Verschiedene Minnelieder*
Wernher der Gartenaere:	*Meier Helmbrecht (Versnovelle)*

5.3 Renaissance und Humanismus (1350 - 1600)

Mit dem Untergang des Rittertums und dem Aufstieg der Städte im ausgehenden Mittelalter verändert sich auch die Art des Dichtens. Die Epoche, die im 15. Jahrhundert beginnt, heißt Neuzeit. Neu daran ist vor allem die Geisteshaltung.

Renaissance bedeutet „Wiedergeburt der Antike". Die Schriften der Griechen und Römer aus jener Epoche werden wiederentdeckt und neu erforscht. Die Schriftsprache ist nun wieder, im wissenschaftlichen Bereich, Latein. Die Literatur der Renaissance wird vom Menschenbild des **Humanismus:** (human: lat. menschlich, menschenfreundlich) geprägt, dessen Ideal der gebildete, selbstständig denkende Mensch ist. Humanistische Schriften standen oft im Widerspruch zur kirchlichen Lehrmeinung.

Ebenfalls in der Geisteshaltung des Humanismus arbeitet *Martin Luther.* Für seine Reform der Kirche nach dem Evangelium übersetzt er die Bibel ins Deutsche. Er verwendet dafür den Urtext (hebräisch und griechisch) und schreibt die Übersetzung nicht in mittelhochdeutscher

Sprache, sondern richtet sich nach der sächsischen Kanzleisprache. Man nennt diese Sprachstufe auch Frühneuhochdeutsch.

Wichtige Autoren und Werke der Epoche sind:

Martin Luther:	*Kirchenlieder und Bibelübersetzung*
Hans Sachs:	*Meisterlieder, Schauspiele und Fastnachtsspiele*
Volksbücher:	*„Die Schildbürger" und „Till Eulenspiegel"*

5.4 Barock (1600–1720)

Im Zeitalter des Barocks gibt es verschiedene, zum Teil völlig gegensätzliche Einflussfaktoren. Auf der einen Seite ist der **Dreißigjährige Krieg (1618–1648)** *das* prägende Ereignis der Epoche. Die Dichter verarbeiten ihre Kriegserlebnisse und das Leid der Bevölkerung in ihren Werken. Der Krieg wird somit zum Hauptthema. Auf der anderen Seite ist die Kunst- und Stilrichtung des Barocks auch diejenige, die an den absolutistischen Höfen sichtbar wird. **Ludwig XIV.**, der wohl bekannteste Vertreter des **Absolutismus,** lässt sein Schloss Versailles nahe Paris im barocken Stil ausbauen, in ganz Europa werden viele Kirchen mit den Putten und Goldverzierungen, den Schnörkeln und kunstvollen, überladenen Gemälden errichtet. Auf diese Weise soll Lebensfreude und Macht zugleich dargestellt werden. Schlüsselbegriffe für diese Zweiteilung der Epoche sind *vanitas* (Leere und Nutzlosigkeit) und *carpe diem* (Nutze/Genieße den Tag!). Zermürbt und entmutigt durch den langandauernden Krieg erachten die Menschen des 17. Jahrhunderts das irdische Leben (das Leben momentan auf der Erde) als wertlos, da es schnell vorbei sein kann. Deshalb konzentrieren sie sich auf ein Leben im Jenseits (*memento mori* = Bedenke, dass du sterblich bist!) und wollen das kurze Erdenleben effektiv nutzen.

Andreas Gryphius als Vertreter der Barocklyrik

Als Beispiel für den Menschen des Barocks an sich und für einen bekannten Dichter dieser Epoche eignet sich *Andreas Gryphius* hervorragend. Er wurde 1616 geboren und verlor bereits als Kind seine Eltern. Der Tod blieb in seiner Familie ein ständiger Begleiter, denn von seinen eigenen sieben Kindern starben sechs. Er selbst wuchs in den Wirren des Dreißigjährigen Krieges auf und erlebte Brandschatzungen, Zerstörungen und Wiederaufbau. Mit dieser Biographie ist die pessimistische

Weltsicht von Gryphius zu erklären, dessen Hauptmotiv die Vergänglichkeit des irdischen Seins (vanitas) ist. Am folgenden Gedicht werden die Besonderheiten der barocken Lyrik deutlich.

Es ist alles eitel

Zäsur

Du siehst, wohin du siehst, | nur Eitelkeit auf Erden.
Was dieser heute baut, | reißt jener morgen ein.
Wo itzund Städte stehn, | wird eine Wiese sein,
Auf der ein Schäferskind | wird spielen mit den Herden.

Was itzund prächtig blüht, | soll bald zertreten werden.
Was itzt so pocht und trotzt, | ist morgen Asch und Bein;
Nichts ist, das ewig sei, | kein Erz, kein Marmorstein.
Jetzt lacht das Glück uns an, | bald donnern die Beschwerden.

Quartette

Der hohen Taten Ruhm | muss wie ein Traum vergehn.
Soll denn das Spiel der Zeit, | der leichte Mensch, bestehn?
Ach, was ist alles dies, | was wir für köstlich achten,

Als schlechte Nichtigkeit, | als Schatten, Staub und Wind,
Als eine Wiesenblum, | die man nicht wiederfindt?
Noch will, was ewig ist, | kein einig Mensch betrachten.

Terzette

Das **Sonett** ist die typische Gedichtform des Barocks. Die Künstler unterwerfen sich mit ihm strengen Regeln. Das Sonett hat 14 Verse, die auf zwei Vierzeiler *(Quartette)* und zwei Dreizeiler *(Terzette)* aufgeteilt sind. Typisch ist die Antithetik (Gegensätzlichkeit): „Was dieser heute baut, reißt jener morgen ein." Die Quartette stellen das Leben dar, wie der Dichter es wahrnimmt (alles wird zerstört); die Terzette stellen die Gedanken des Dichters dar: die Vergänglichkeit.
Die Quartette folgen immer dem Reimschema a b b a, bei den Terzetten variieren die Schemata. Typisch für das Sonett ist der *Alexandriner* (ein sechsfüßiger Vers im Jambus mit einer Zäsur nach der dritten Hebung).

Der Schelmenroman „Der abenteuerliche Simplicissimus"

Der Roman von *Hans Jakob Christoffel von Grimmelshausen* zeigt die Entwicklung des einfachen Jungen Simplicius (lat. „der Einfältige"), dessen Leben von vielen Schicksalsschlägen geprägt ist, der aber auch immer wieder Glück hat. Mehrmals kämpft er als Soldat im Dreißigjährigen Krieg und wendet sich am Ende des Romans vom irdischen Leben ab und wird zum Einsiedler.

Anders als Gryphius' pessimistische Darstellung der Geschehnisse verarbeitet Grimmelshausen die Erlebnisse des Simplicius Simplicissimus ironisch, das heißt so, dass manches fast lustig wirkt.

Wichtige Autoren und Werke der Epoche sind:

Martin Opitz:	*Buch von der Teutschen Poeterey*
Andreas Gryphius:	*Gedichte*
H. J. C. von Grimmelshausen:	*Der abenteuerliche Simplicissimus*

5.5 Aufklärung (1720 – 1800)

„Habe Mut, dich deines Verstandes zu bedienen!" (sapere aude)
Das Schlagwort der literarischen Epoche der Aufklärung sagt alles über die grundlegende Veränderung in der Geisteshaltung der Menschen aus: Der Ablauf des Lebens und die Gesellschaftsordnung sollen nicht mehr von Gott bestimmt sein, der Mensch kann durch Forschen und Nachdenken zu Ruhm und Ansehen gelangen.

Immanuel Kant schreibt in seiner berühmten Antwort auf die Frage, was Aufklärung sei:
„Aufklärung ist der Ausgang des Menschen aus seiner selbst verschuldeten Unmündigkeit. Unmündigkeit ist das Unvermögen, sich seines Verstandes ohne Leitung eines anderen zu bedienen. Selbst verschuldet ist diese Unmündigkeit, wenn die Ursache derselben nicht am Mangel des Verstandes, sondern der Entschließung des Mutes liegt, sich seiner ohne Leitung eines anderen zu bedienen ..."
(aus: Immanuel Kant, Was ist Aufklärung?, 1784)

Der Mensch soll sich also von den Zwängen der Bevormundung durch absolutistische Fürsten und durch die Kirche befreien, was er zuvor nicht gewagt hatte (selbst verschuldete Unmündigkeit, die an der Entschließung und am mangelnden Mut liegt). Er soll selbst denken und seine Lebensumstände kritisch hinterfragen.

Am Ende der Epoche steht die **Französische Revolution (1789),** in der sich die Bürger von der absolutistischen Herrschaft Ludwigs XVI. befreien. Ziel des Aufstandes ist die Errichtung einer Republik, die auf einer demokratischen Grundlage steht. Die Menschen- und Bürgerrechte werden einbezogen. Zuvor war in den Vereinigten Staaten von Amerika nach der **Unabhängigkeitserklärung (1776)** die erste demokratische Verfassung der Neuzeit niedergeschrieben worden, die sich auf die Ideen der Aufklärung und auf die Menschenrechte berief. Die Aufklärung kann demnach als gesamteuropäische (mit den englischen Kolonien in Nordamerika) Bewegung verstanden werden. In Deutschland spricht man auch noch vom „Zeitalter der Vernunft" (Rationalismus), in Frankreich von den „Lumières" (von lat. lumen = Licht, Erleuchtung).

Den eigenen Verstand sollen die Menschen sinnvoll, friedlich einsetzen. Die Aufklärer gehen davon aus, dass es eine allen Menschen angeborene Humanität gibt. In dieser Zeit entstehen wissenschaftliche Salons, in denen über die neuesten Forschungen und Lehrmeinungen diskutiert wird. Das erste Lexikon (die „Encyclopédie") entsteht in Frankreich, es gibt neue Erkenntnisse in den Naturwissenschaften, die bisherige kirchliche Lehrmeinungen infrage stellen. Die persönliche Religiosität und Ethik dagegen wird wichtig (Pietismus). Aus diesem Bewusstsein wiederum entstehen die Menschenrechte (Gleichheit, Freiheit, Würde des Menschen).

Die Zielgruppe der aufklärerischen Literatur ist vor allem das Bürgertum, das seinen Aufstieg seit dem Hochmittelalter fortgesetzt hat und einflussreich sowie wohlhabend ist. In den Dramen der Epoche sind oft Bürger die Handelnden (Bürgerliches Trauerspiel), die sich gegen den Einfluss und die Machtgier des Adels wehren müssen. Die Bürger sollen durch die Werke aufgeklärt (in Kenntnis gesetzt) werden über ihre gesellschaftliche Situation und die Möglichkeiten, die sich ihnen bieten, diese Situation zu verbessern. Gleichzeitig sollen sie zur Menschenliebe erzogen werden und sich moralisch vervollkommnen.

Belehrende Kleinformen

Belehrende epische Kleinformen (Fabel, Parabel) spielen eine Rolle in der Literatur der Aufklärung. Neben neu aufgelegten klassischen Fabeln, die er in der antiken Literatur fand, wurde von *Lessing* die „Ringparabel" berühmt. Sie ist in sein Werk „Nathan der Weise" integriert. Es geht darin um die Frage, welche Religion die richtige ist (Christentum, Judentum, Islam). Dabei steht je ein Sohn eines Mannes für eine Religion. Die Söhne streiten sich und beharren jeweils darauf, im Recht zu sein. Die „Ringparabel“ endet damit, dass alle drei Religionen auf die Offenbarung eines Gottes zurückgehen, also gleiche Wurzeln haben. Doch anstatt sich in Frieden auf die gemeinsamen Werte zu besinnen, bekriegen sich die drei Söhne bzw. Religionen.

Das Bürgerliche Trauerspiel

Lessing entwickelt eine Dramentheorie („Hamburgische Dramaturgie“), in der er auf das aristotelische Drama zurückgreift (→ Kapitel 6.2 Dramatik). Durch den Dramenaufbau und das tragische Ende sollen die Bürger eine Katharsis (moralische Reinigung) erfahren. Dabei bricht Lessing ein Tabu: Bisher waren die Handelnden in der Tragödie die Adeligen (Ständeklausel). Bei Lessing sind die Akteure Bürgerliche (Bürgerliches Trauerspiel).
Ein Beispiel dafür ist sein Drama „Emilia Galotti“:
Ein Fürst ist auf der Suche nach einer neuen Mätresse, die er in der Bürgerstochter Emilia Galotti gefunden zu haben scheint. Emilia wird jedoch in naher Zukunft heiraten, weshalb der Fürst den Auftrag erteilt, die Hochzeit zu verhindern. Sein Kammerdiener Marinelli lockt Emilias Verlobten in einen Hinterhalt, um ihn ermorden zu lassen. Ehe der Bürger Galotti seine Tochter jedoch als Mätresse in die Hände des Fürsten gibt, ersticht er sie, um seine Ehre zu retten.

Das Drama zeigt den Zwiespalt der Bürger zwischen dem Gehorsam den Regenten gegenüber und dem eigenen Bestreben und Ehrgefühl. Das Publikum soll Mitleid mit Emilia und ihrem Vater haben, die Intrigen des Fürsten und seines Kammerdieners als moralisch verwerflich empfinden und selbst besser handeln wollen (Katharsis).

Wichtige Autoren und Werke der Epoche sind:

Friedrich Gottlieb Klopstock:	*Der Messias (Epos)*
Gotthold Ephraim Lessing:	*Minna von Barnhelm, Emilia Galotti, Nathan der Weise (Dramen)*

5.6 Sturm und Drang (1770 – 1800)

„Nein, ich mag nicht daran denken. Ich soll meinen Leib pressen in eine Schnürbrust und meinen Willen schnüren in Gesetze. Das Gesetz hat zum Schneckengang verdorben, was Adlerflug geworden wäre. Das Ge-

setz hat noch keinen großen Mann gebildet, aber die Freiheit brütet Kolosse ... aus [...]. Stelle mich vor ein Heer, Kerls wie ich, und aus Deutschland soll eine Republik werden, gegen die Rom und Sparta Nonnenklöster sein sollten." (Friedrich Schiller, Die Räuber, 1. Akt/2. Szene)

Diese Worte lässt *Friedrich Schiller* seinen Helden Karl Moor in dem Drama „Die Räuber" sagen. Typisch für die Epoche des Sturm und Drangs ist Karl Moor, ein **„Genie".** Das bedeutet, er ist ein Mensch, der sich von seinen Standesgrenzen (Adel) löst und nach höheren Idealen strebt. Er hat sich von seinem Vater entfernt und, durch Intrigen seines Bruders gezwungen, eine Räuberbande gegründet. Im Grunde seines Herzens aber ist er ein Menschenfreund. Der Vater-Sohn-Konflikt zwischen Karl und dem alten Moor spiegelt das Aufbegehren der Bürger gegen die absolutistisch herrschenden Fürsten wider. „In tyrannos" (Gegen die Tyrannen) steht daher auch auf der Titelseite der „Räuber". Wichtig ist für die Dichter des Sturm und Drangs, dass ihre „Genies" sich individuell entfalten, sich also nicht unbedingt an die reine Vernunft halten, wie es die Aufklärer fordern. Herz und Gefühl sind ihnen wichtiger als das Verstandesdenken der zeitgleich ablaufenden Epoche. Die „Genies" greifen offen die feudale, gottgewollte Ordnung des Absolutismus an: *Gottfried August Bürgers* Gedicht „Der Bauer an seinen durchlauchtigsten Tyrannen" ist eine Anklage und eine Aufzählung der Zumutungen, denen die Bauern ausgesetzt waren. Schiller kritisiert in „Kabale und Liebe" die Praxis mancher Fürsten, ihre Untertanen als Soldaten ins Ausland zu „verkaufen". *Goethes* „Prometheus" macht sich unabhängig von seinem Vater, dem griechischen Gott Zeus: *„Ich kenne nichts Ärmer's unter der Sonn' als euch Götter" und „Hier sitze ich, forme Menschen nach meinem Bilde [...] zu leiden, weinen, genießen und zu freuen sich, und dein nicht zu achten, wie ich".*

Die **Dramen** des Sturm und Drangs sind gesellschaftskritisch. Karl Moor will aus Deutschland eine Vorzeige-Republik machen, in „Kabale und Liebe" wird Kritik an der Machtpolitik der Fürsten geübt. Sie entfernen sich wieder etwas von der strengen Dramentheorie Lessings hin zur offenen Dramenform.

Die **Lyrik** ist stark beeinflusst durch die europäische **Empfindsamkeit.** Diese ist eng mit dem **Pietismus** (lat. pietas = Frömmigkeit) verbunden, der eine Erneuerung des Lebens durch die Intensivierung des religiösen Lebens erreichen will. Empfindsam, also dem Gefühl verhaftet zu sein, gilt als modern. Ausgedrückt werden die Gefühle nicht nur in Gedichten, sondern auch in **Briefromanen.** Das bekannteste Beispiel hierfür ist Goethes „Die Leiden des jungen Werther“, der das unglückliche Verliebtsein eines Mannes intensiv schildert.

Wichtige Autoren und Werke der Epoche sind:

Friedrich Schiller:	*Die Räuber, Kabale und Liebe (Dramen)*
Johann Wolfgang von Goethe:	*Götz von Berlichingen mit der eisernen Hand (Drama), Die Leiden des jungen Werther (Briefroman), Gedichte*
Jakob Michael Reinhold Lenz:	*Die Soldaten (Drama)*

5.7 Klassik (1786 – 1805)

Die Residenzstadt des Herzogtums Weimar verdankt ihre Berühmtheit wohl dem Zusammentreffen zweier der bedeutendsten Schriftsteller Deutschlands: Johann Wolfgang von Goethe und Friedrich Schiller. Ihre Zusammenarbeit hat die Epoche der **Weimarer Klassik** geprägt. Dabei haben beide ganz unterschiedliche Biographien:

Johann Wolfgang von Goethe wurde am 28. August 1749 in Frankfurt am Main geboren. Unterricht erhielt er zunächst durch seinen Vater und Privatlehrer, mit 16 Jahren ging er zum Jurastudium nach Leipzig, später nach Straßburg. 1771 - 1775 arbeitete Goethe als Rechtsanwalt in Frankfurt und als Praktikant am Reichskammergericht in Wetzlar. 1775 siedelte er nach Weimar über, wo er zum Geheimen Legationsrat, später zum Geheimen Rat ernannt wurde. 1786 - 1788 hielt er sich in Italien auf. Diese Reise wird oftmals als Beginn der Weimarer Klassik benannt. 1832 starb Goethe in Weimar.

Friedrich Schiller wurde am 10. November 1759 in Marbach bei Stuttgart geboren. Er erhielt eine gute Schulbildung und wollte Theologie studieren. Wegen seiner guten Noten wurde er an der Karlsschule angenommen. Dies stellte sich als prägendes Ereignis im Leben Schillers heraus, denn der militärische Drill an der Eliteschule des Herzogs von Württemberg drohte den jungen Schiller zu zermürben, da er seinen Drang nach Individualität nicht ausleben konnte. Wegen seiner revolutionären Schriften während seiner Sturm-und-Drang-Phase musste der Dichter nach Mannheim fliehen. 1787 siedelte er nach Weimar über.

Lange Jahre mit schlecht bezahlter Arbeit lagen hinter ihm und auch die 1789 angetretene Professur für Geschichte in Jena brachte ihm kaum Lohn. So war Schiller zeitlebens auf Geldspenden adeliger Freunde angewiesen. 1794 begann die Freundschaft mit Goethe und 1799 zog der Dichter endgültig nach Weimar um, wo er bis zu seinem Tod 1805 mit Goethe zusammenarbeitete.

Der Begriff „klassisch" wird in der Renaissance für das Mustergültige und Vorbildhafte der antiken Kunst verwendet. Viele Menschen des 18. Jahrhunderts zieht es nach Italien, um die Relikte der **Antike** zu studieren. Da die Ideen, die zur Französischen Revolution geführt haben, in der Realität nicht durchgesetzt worden sind, wenden sich die Bürger voller Idealismus der längst vergangenen Epoche der Antike zu und versuchen, in ihr das erstrebte Ziel der Humanität zu finden. Für Schiller ist derjenige „noch nicht reif zur bürgerlichen Freiheit, dem noch so viel zur menschlichen fehlt" (Klaus Langer/Sven Steinberg, Deutsche Dichtung, S. 108, Bayerischer Schulbuchverlag, 2003).
Angeregt werden die Dichter der Klassik durch den Archäologen und Begründer der Kunstgeschichte *Johann Joachim Winckelmann,* der die Gestaltungsmerkmale der antiken Kunst wiederentdeckt und zum alleingültigen Vorbild erklärt, denn sie sei „edle Einfalt und stille Größe". Die Kunst eigne sich, um die Menschen zu Humanität und Harmonie zu erziehen, da sie ihnen zeige, wie diese Ideale zu erreichen seien.
Im Gegensatz zur Dichtkunst der Aufklärung soll die der Klassik kein Mitleid beim Leser erwecken, sondern ihm verdeutlichen, dass er etwas Höheres, etwas Bedeutsames ist. Die Dichter versuchen, einen Ausgleich zwischen dem (aufklärerischen) Verstandesdenken und dem Einbringen von Gefühl (wie im Sturm und Drang gefordert) zu erreichen. Der Mensch soll sein Handeln aus freiem Willen heraus gestalten. Die Leitgedanken der Aufklärung (Menschenwürde, Selbstbestimmung, Toleranz) bleiben in der Klassik erhalten. Es soll ein humanes Weltbürgertum heranwachsen. Die klassischen Dichter unterwerfen sich strengen Richtlinien für ihre Werke. In der **Lyrik** herrschen antike Metren wie das Distichon und der Hexameter vor; antike Formen wie die Ode, die Hymne oder die Elegie werden verwendet. **Dramen** werden vor allem im Blankvers (fünffüßiger ungereimter Jambus) verfasst und folgen dem antiken Dramenaufbau. Auch Entwicklungs**romane** spielen eine Rolle. Ziel der Entwicklung der Protagonisten ist das Erreichen von Humanität.

Als Beispiel für ein Werk der Klassik sei Schillers Ballade „Die Bürgschaft“ genannt. Die Handlung spielt im antiken Griechenland. Damon will den Tyrannen Dionys töten, wird aber gefangengenommen und soll sterben. Er bittet den Herrscher, ihm Zeit zu geben, da er seine Schwester verheiraten will, und bietet ihm einen Freund als Bürgen an. Dionys gewährt ihm drei Tage. Damon tut alles, um die Vorgaben von Dionys zu erfüllen, obwohl er auf dem Rückweg mehrmals aufgehalten wird. Er überwindet aber sowohl den reißenden Fluss als auch eine Räuberbande und schließlich seine eigene körperliche Erschöpfung, da er den unbedingten Willen hat, seinen Freund wieder auszulösen. Auch als es schon unwahrscheinlich erscheint, dass der Freund noch lebt, will er lieber mit ihm sterben, als sein eigenes Leben zu retten. Von so viel Zuverlässigkeit und Treue berührt, schenkt der Tyrann beiden das Leben. Er wird also durch das Verhalten der beiden Freunde zur Humanität erzogen.

Wichtige Autoren und Werke der Epoche sind:

Friedrich Schiller:	*Über die ästhetische Erziehung des Menschen (Essay); Wallenstein, Maria Stuart, Wilhelm Tell (Dramen); Gedichte und Balladen*
Johann Wolfgang v. Goethe:	*Iphigenie auf Tauris (Drama); Wilhelm Meisters Lehrjahre (Roman); Faust I und II (Drama); Gedichte und Balladen*

5.8 Zwischen Klassik und Romantik

Manche Autoren lassen sich keiner bestimmten Epoche zuordnen. Sie schreiben zwar parallel zur Klassik und Romantik und ihr Werk trägt einige Merkmale, die in den beiden Epochen ebenfalls vorhanden sind, doch ihr Werk ist so individuell, dass es nicht mit der Dichtkunst der zeitgleichen Strömungen vereinbar ist.

Wichtige Autoren und Werke sind:

Johann Peter Hebel:	*Kalendergeschichten*
Friedrich Hölderlin:	*Hyperion (Roman)*
Heinrich von Kleist:	*Prinz Friedrich von Homburg (Drama); Das Erdbeben in Chili (Erzählung); Michael Kohlhaas (Novelle)*

5.9 Romantik (1795–1830)

Für die Romantik sind erneut die Vorgänge der Französischen Revolution und die Ereignisse danach prägend. Diese Epoche dauert lange und lässt sich in drei Abschnitte einteilen:

- die **Frühromantik** (1795–1805): unmittelbar nach der Französischen Revolution
- die **Hochromantik** (1806–1815): Höhepunkt und Untergang der napoleonischen Ära, Befreiungskriege
- die **Spätromantik** (1815–1830): geprägt von der Restauration

Während die Vertreter der Vorgängerepochen sich politisch engagieren und die politischen und gesellschaftlichen Umwälzungen der Revolutionszeit in ihr Werk einfließen lassen, wenden sich die Romantiker davon ab. Sie sind fest in der Philosophie des **Idealismus** verankert (es existiert über der Wirklichkeit eine Welt der Ideen) und stilisieren das **Mittelalter** zur glanzvollen Epoche der Ritter und der Einheit des **Heiligen Römischen Reiches Deutscher Nation.** Im Gegensatz zur **Weimarer Klassik** ist die Romantik eine europäische Bewegung. Werke aus anderen Sprachen werden deshalb rege ins Deutsche übersetzt. Wichtig für die Dichter der Epoche ist das Ausdrücken von **Gefühlen;** der **Traum** und das **Unterbewusstsein** spielen eine große Rolle. Wie bereits in der Klassik wird die Kunst hoch geschätzt, jedoch anders definiert. Es gelten keine strengen Richtlinien für den Künstler, sondern er ist absolut frei (autonom). Die Dichtkunst ist eine **progressive Universalpoesie** (Friedrich Schlegel), die in alle Lebensbereiche eindringen soll und nie vollendet werden kann. Aus diesem Grund bleiben viele Romane unvollendet (Fragment). Volkspoesie (Volkslieder, Märchen, Sagen) und Kunstpoesie sollen zu einem Gesamtkunstwerk zusammengeführt werden.
Motive der Romantik sind vor allem die Sehnsucht, das Streben nach Entgrenzung, das Fantastische, Wandern/Natur, Melancholie, Wehmut, Liebe, das Unheimliche. Die Nacht wird bevorzugt, da man in der Dunkelheit nicht alles erkennen kann.

In der Romantik treten erstmals Frauen als anerkannte Dichterinnen auf. *Bettina von Arnim* stellt sich mit ihrem Werk „Dies Buch gehört dem König" auf die Seite der sozial Schwachen, *Caroline Schlegel* ist Mitarbeiterin der Zeitschrift „Athenäum“, während ihre Schwägerin *Dorothea Schlegel* Einfluss auf die Arbeiten ihres Mannes Friedrich hat.

Erstmals treffen sich Dichter einer Epoche in Freundeskreisen. Zentrum der Frühromantik ist Jena, wo sich *August Wilhelm Schlegel,* sein Bruder *Friedrich Schlegel,* ihre Ehefrauen, *Ludwig Tieck* und *Friedrich von Hardenberg* (Novalis) gegenseitig beeinflussen und ihre Theorie der Dichtung entwickeln. Die Hoch- und Spätromantiker um *Clemens Brentano, Achim von Arnim, Joseph Freiherr von Eichendorff, Adelbert von Chamisso* und *E. T. A. Hoffmann* versammeln sich in Heidelberg.

Wie bereits erwähnt, sind **Märchen** für die Dichter der Romantik ein wichtiges Genre, da sie das Volkstümliche betonen. *Wilhelm und Jacob Grimm* fangen an, Märchen zu sammeln, und veröffentlichen 1812 „Kinder- und Hausmärchen“.

Prosa und Lyrik werden teilweise vermischt. Die Lyrik soll Bestandteil des Romans sein, wobei gerade die **Gedichte** Joseph von Eichendorffs als Einzelkunstwerke Berühmtheit erlangt haben. Typisch für diese Gattung ist die Volksliedstrophe: vier Verse mit Kreuzreim, meist drei Strophen. In vielen **Romanen und Erzählungen** sind Lieder, Gedichte und Märchen enthalten, die die Erzählung auflockern; Maler werden mit einbezogen. Nicht umsonst ist die Romantik nicht nur eine Literaturepoche, auch Maler und Komponisten arbeiten im Stil der Zeit. Die Suche nach der „Blauen Blume“ als Symbol für etwas Unerreichbares ist ein zentrales Motiv (v. a. in „Heinrich von Ofterdingen“ von Novalis). E. T. A. Hoffmann gilt als Vertreter der **Schauerromantik,** die die Motive der Epoche ins Gruselige verkehrt.

Wichtige Autoren und Werke sind:

Ludwig Tieck:	*Der blonde Eckbert (Novelle)*
Friedrich Schlegel:	*Lucinde (Roman)*
Novalis:	*Heinrich von Ofterdingen (Roman)*
Ernst Theodor Amadeus Hoffmann:	*Das Fräulein von Scuderi (Kriminalgeschichte)*
Joseph von Eichendorff:	*Gedichte*

5.10 Junges Deutschland, Vormärz, Biedermeier (1815 – 1850)

Der Wiener Kongress (1814/1815) läutet eine neue historische Epoche ein: die Restaurationszeit. Der Name *Metternich* ist eng mit dieser Epoche verbunden, man spricht auch vom „System Metternich". Der österreichische Staatskanzler *Clemens Fürst von Metternich* ist der Organisator des **Wiener Kongresses,** einer Zusammenkunft europäischer Fürsten, die Europa nach den **Befreiungskriegen** und der **Verbannung Napoleons** neu ordnen sollen. Metternich legt dabei großen Wert auf die Betonung der Legitimität der Fürsten (nur die großen Dynastien sollen herrschen). Er will also die Zustände vor der Französischen Revolution wiederherstellen (Restauration). Um dieses Ziel zu erreichen, werden gerade erworbene Grundrechte (Versammlungsfreiheit, Pressefreiheit) wieder eingeschränkt. Schriftstücke unterliegen einer strengen Zensur. Menschen, die als Volksverführer (Demagogen) gelten, werden verfolgt, bekommen Berufsverbot und müssen teilweise sogar auswandern.

Die Schriftsteller reagieren unterschiedlich auf die politischen Maßnahmen. Während die einen die Politik in die Dichtung integrieren, um gegen die Restauration aufzubegehren (Junges Deutschland), ziehen sich die anderen ins Private zurück (Biedermeier).

Die politischen Ereignisse gipfeln in der deutschen Märzrevolution 1848. Die Dichtung in den Jahren unmittelbar davor wird als Literatur des **Vormärz** bezeichnet.

Junges Deutschland

Der Begriff steht für das Selbstverständnis der Autoren dieser Epoche. „Jung" im Gegensatz zum alten Deutschland, das unter der wiedereingeführten Unterdrückung durch die Fürsten leidet. „Deutschland" als Zeichen für den Einigungswillen mancher Teile der Bevölkerung, die sich ein vereintes Deutschland anstelle des von Österreich geführten Deutschen Bundes wünschen. Nach der **Julirevolution 1830 in Frankreich** erhoffen sie sich, dass der neuerliche Kampf um Freiheitsrechte Deutschland erreicht. Doch das **Hambacher Fest 1832** endet erneut mit Verhaftungen und Repressalien.

Die Dichter des Jungen Deutschlands stellen sich klar gegen die Klassik und die Romantik. Literatur soll politisch sein und für Liberalismus und sozialen Fortschritt kämpfen, gegen Althergebrachtes und die Adelsherrschaft. Die Vorgängerepochen gelten ihnen als weltfremd. Ein wichtiges Instrument für die Verbreitung ihrer Schriften ist die Presse, da sie auf diese Weise fast 80 % der Bevölkerung erreichen.

Ein bedeutender Vertreter der Epoche ist *Georg Büchner*. In seinem Werk mischt sich Sozialkritik mit Literaturkritik: Büchners Werke lassen sich keinen Gattungskriterien unterordnen. Sein „Woyzeck" ist derart in den gesellschaftlichen Zwängen gefangen, dass er scheitern muss. Er arbeitet, um seine Familie zu ernähren, und weil er deswegen nie zu Hause ist, betrügt ihn seine Lebensgefährtin. Die Vertreter der Oberschicht, seine Arbeitgeber, machen sich über ihn lustig. So sehr er auch versucht, sich der Gesellschaft anzupassen und die an ihn gestellten Erwartungen zu erfüllen: Er schafft es nicht, weil immer neue Probleme auftreten. Der „Hessische Landbote" ist ein klarer Aufruf zur Revolution. „Friede den Hütten! Krieg den Palästen!", steht darin zu lesen. Da Büchners Pamphlet (Flugblatt) nur acht Seiten lang ist, ist es leicht zu vervielfältigen und unterliegt nicht der Zensur. Nach der Veröffentlichung des Werkes muss der Autor fliehen.

Vormärz

Vertreter dieser erneut politischen Dichtung sind *Ludwig Börne, Georg Weerth, Ferdinand Freiligrath* und *Heinrich Heine*. Angeregt werden die Autoren wiederum durch die Julirevolution und das Hambacher Fest. Zwischen Börne und Heine kommt es zu Differenzen. Ersterer möchte eine Revolution in Deutschland und verarbeitet nur politische Themen. Letzterer arbeitet in verschiedenen Themenbereichen. Er versteht es, sich kritisch von anderen Literaturepochen abzugrenzen: „Das Fräulein stand am Meere" macht den romantischen Sehnsuchtsgedanken lächerlich, die „Harzreise" steht zwar in der Tradition der damals populären Reisebeschreibungen, erweist sich aber bei genauerem Lesen ebenfalls als Kritik an den gesellschaftlichen Verhältnissen. Heine nutzt also vorhandene Genres, um seinem Publikum vor Augen zu führen, dass es seine Lektüre hinterfragen muss und darüber nachdenken soll. Er thematisiert aber auch den **Schlesischen Weberaufstand 1844** ganz konkret in einem Gedicht.

Biedermeier

Neben der politischen Dichtung des Jungen Deutschlands und des Vormärz existiert zeitgleich die Dichtung des Biedermeiers. Als „bieder" bezeichnet man noch heute einen eher zurückgezogen lebenden, konservativen Menschen. Zentrale Motive der Epoche sind der Rückzug ins Private, Familiensinn, Heimatverbundenheit, Ordnung und Religion. *Carl Spitzweg* hat all dies in seinen Bildern verewigt. Angesichts der politischen Turbulenzen der Zeit wenden sich die Menschen von der Politik, die ihnen als unverständlich und nicht beeinflussbar erscheint, ab und genießen das Leben in ihrer schön eingerichteten Welt zu Hause. Viele Autoren des Biedermeiers leben in Wien. Die bekannteste deutsche Dichterin der Zeit ist *Annette von Droste-Hülshoff,* die in ihrem Werk „Die Judenbuche" die Verstrickungen um den Mord in einem kleinen westfälischen Dorf schildert. Sie hat auch zahlreiche Gedichte verfasst.

Wichtige Autoren und Werke sind:

Heinrich Hoffmann von Fallersleben:	*Das Lied der Deutschen (Gedicht)*
Georg Büchner:	*Woyzeck, Lenz, Dantons Tod (Dramen)*
Heinrich Heine:	*Deutschland. Ein Wintermärchen (Versepos)*
Annette von Droste-Hülshoff:	*Die Judenbuche (Kriminalgeschichte)*
Adalbert Stifter:	*Der Hochwald (Novelle)*

5.11 Realismus (1850 – 1890)

Mitte des 19. Jahrhunderts hält die **Industrialisierung** Einzug in Deutschland. Sie verändert den Alltag der Menschen entscheidend. Der seit Jahrhunderten gleichmäßige Tagesablauf, der in der Landwirtschaft vom Wetter und den Jahreszeiten abhängig ist, wird nun mehr und mehr von den Arbeitszeiten der modernen Industrie verdrängt. Die Menschen drängen in die Fabriken, um dort „im Trockenen" ihr Geld zu verdienen. Da die Industrie vorwiegend in der Stadt angesiedelt ist, verlagert sich die Landbevölkerung zunehmend dorthin: Es kommt zur sogenannten Landflucht. Einher geht mit dem Umzug in die Stadt und der neuen Art zu arbeiten, dass sich das Leben und die Sicht auf die Menschen verändern. Standesgrenzen, gesellschaftliche Zwänge, religiöse und moralische Vorstellungen scheinen in der Industriegesellschaft unwichtig. Der Arbeiter lässt sich in die Gesellschaftspyramide nur schwer integrieren, das Leben unterliegt dem Regiment des Schichtdienstes, der bis zu zwei Drittel des Tages ausmacht. Mit dem technischen Fortschritt gehen auch Veränderungen in der Medizin vor sich. Nicht viele können es sich leisten, dies zu nutzen.

Auch politische Neuerungen sind im Gange: Nach der **Märzrevolution 1848** und der gescheiterten **Paulskirchenverfassung** gelingt es *Bismarck* mit „Blut und Eisen" die Deutschen zu einen: **1871** gründet er das **Deutsche Kaiserreich.** Unter dem „Eisernen Kanzler" jedoch bleiben viele liberale Forderungen außen vor. Menschen, die gehofft hatten, es kehre nun Ruhe und Ordnung ein, sehen sich getäuscht. Schon bald nach der Reichsgründung beginnt Bismarck den Kulturkampf gegen die katholische Kirche und die Sozialistenverfolgung.

All diese Neuerungen führen dazu, dass sich viele Menschen des Industrialisierungszeitalters verunsichert fühlen. Ihre politischen Wünsche haben sich nur zum Teil erfüllt. Geben sie ihre Existenz auf dem Land für ein Leben in der Großstadt auf, können sie sich dort nur eine kleine Wohnung in einer Mietskaserne leisten und sind ständig der Gefahr ausgesetzt, arbeitsunfähig oder arbeitslos zu werden. Die dörfliche Gemeinschaft mit ihrer Verbundenheit fehlt in der Großstadt und deren Gesetze entsprechen nicht dem, was sie bisher kannten.

Ziel der Realisten ist es, die Wirklichkeit so **real** wie möglich darzustellen. Sie verzichten dabei auf eine Wertung, achten aber auf die künstlerische Ausgestaltung. Der Mensch wird in seiner Beziehung zu der neuen Umgebung gezeigt. Das „Typische" daran soll gezeigt werden. Der Realismus steht auch im Gegensatz zum bisher in der Dichtung vorherrschenden Idealismus. Daher grenzen sich die Dichter auch deutlich von der Romantik ab. Sie wollen nicht träumen, sondern die Leser auf die aktuellen Zustände aufmerksam machen. Allzu sehr geht der poetische Realismus aber nicht in die Tiefe: Das Innerste des Menschen bleibt tabu.

Auch der Realismus ist eine europäische Bewegung. *Charles Dickens* (GB), *Honoré des Balzac* und *Emile Zola* (F), *Leo Tolstoi* und *Fjodor Dostojewski* (R) sind bekannte nicht-deutsche Vertreter der Epoche.

Es erschließt sich von selbst, dass epische Formen (Novelle/Roman) für die realistischen Milieustudien am besten geeignet sind. *Friedrich Hebbel* setzt die Beobachtung des Menschen in seiner Umwelt in seinen Dramen um. In der Lyrik sind vor allem die Balladen von *Theodor Fontane* bekannt geworden.

Wichtige Autoren und Werke sind:

Friedrich Hebbel:	*Maria Magdalena (Drama)*
Theodor Storm:	*Der Schimmelreiter (Novelle)*
Theodor Fontane:	*Irrungen und Wirrungen, Effi Briest, Der Stechlin (Romane); Die Brück' am Tay, John Maynard (Balladen)*
Gottfried Keller:	*Romeo und Julia auf dem Dorfe (Dorfgeschichte)*
Conrad Ferdinand Meyer:	*Das Amulett (Novelle)*

5.12 Naturalismus (1880 – 1900)

Der Naturalismus geht aus dem Realismus hervor. Er widmet sich eben jenen Themen eingehender, die die Realisten noch unberührt gelassen haben, z. B. Not und Elend der Menschen, Krankheiten, Sexualität. Gegen Ende des 19. Jahrhunderts zeichnen sich zunehmend die Negativerscheinungen der industrialisierten Welt ab. Die Arbeiter werden in den Fabriken ausgebeutet, es entsteht das Proletariat. Der Begriff steht für all jene, die in den Arbeitervierteln unter unmenschlichen Bedingungen hausen und mit Mühe durch die Arbeit der gesamten Familie den Lebensunterhalt verdienen. Es ist nicht ungewöhnlich, dass eine Familie mit mehreren Kindern ihre Ein-Zimmer-Wohnung mit Schlafgästen teilt, um die Mietkosten zu senken. Viele Kinder sind krank von der schweren Arbeit in der Fabrik, auch wenn die Kinderarbeit immer weiter eingeschränkt wird.

Der Naturalismus stellt den Menschen in seinem Umfeld dar. Beeinflusst wird die Epoche durch die **Psychoanalyse** *Sigmund Freuds,* die einen tiefen Einblick in das Seelenleben gibt. Die „modernen Medien" halten Einzug in den Städten: Film und Rundfunk werden weiterentwickelt, Presse, Telefon und Telegraf erleichtern die Nachrichtenübertragung. Natürlich verfügt nicht – wie heute – jeder Haushalt über diese neuen Medien, doch wer es sich leisten kann, schafft sich die Vergnügungsgeräte an.

Den Naturalisten ist es ein Anliegen, das menschliche Elend und die Auswirkungen der Verstädterung möglichst drastisch darzustellen. Ein wichtiger Begriff für sie ist die **Determiniertheit** des Menschen, d. h., das menschliche Handeln ist durch Herkunft, Milieu und andere gesellschaftliche Umstände festgelegt. Der Mensch kann sich nicht davon befreien, sondern muss sich so verhalten, wie es seine gesellschaftliche Rolle fordert. Dementsprechend gilt für die Dichter der Epoche die Formel **Kunst = Natur – x.** *Arno Holz* hat diese Formel entwickelt. Dabei soll das x möglichst klein sein. Es stellt das künstlerische Eingreifen des Dichters ins Geschehen dar. Die Wirklichkeit soll so real wie möglich gezeigt werden. Abläufe einer Handlung werden genau beschrieben. Vorgänge oder das Verhalten einer Person sollen zeitgleich nachvollzogen werden können. Es soll genauso lange dauern, einen bestimmten Abschnitt zu lesen, wie die Handlung in der Wirklichkeit dauert. Zum Beispiel wird in *Gerhart Hauptmanns* „Bahnwärter Thiel" das Herannahen eines Zuges so präzise beschrieben, dass man die Wahrnehmungen des Mannes genau nachvollziehen kann. Man kann sich genau vorstellen, wie der Zug am Horizont erscheint, langsam näher kommt, mit Getöse vorbeirauscht und wieder aus dem Blickfeld Thiels verschwindet. Dieses Gestaltungsmerkmal nennt man **Sekundenstil.**

In der **Lyrik** des Naturalismus fällt vor allem Arno Holz durch seine „Phantasus"-Gedichte auf, die sich nicht an Formvorgaben halten, sondern den Sprachrhythmus als wichtiger erachten. **Drama** und **Prosa** legen ihr Hauptaugenmerk auf Milieustudien. Bekannt geworden ist z. B. Gerhart Hauptmanns „Bahnwärter Thiel". Der fromme, gutmütige Schrankenwärter heiratet in zweiter Ehe die durchsetzungsfähige Magdalene, die seinen geliebten Sohn aus erster Ehe misshandelt. Thiel richtet sich deshalb in seinem Bahnwärterhäuschen eine Scheinwelt ein, in der er die Erinnerung an seine erste Frau zelebriert. Als Lene auf einem Pachtfeld bei dem Häuschen arbeitet, fühlt sich Thiel bedrängt. Sein Sohn wird, da Lene nicht aufgepasst hat, von einem Zug erfasst und getötet. In seiner Wut tötet Thiel Lene und das gemeinsame Kind. Er wird in eine psychiatrische Anstalt gebracht.

Für den Naturalismus ist das Schicksal des Bahnangestellten auch aus psychologischer Sicht interessant. Es wird in der Novelle immer wieder auf seine Sorgen, Gedanken und Gefühle hingewiesen. Durch den Sekundenstil erreicht der Autor, dass der Leser sich in das Leid des Mannes einfühlen kann.

Wichtige Autoren und Werke sind:

Gerhart Hauptmann:	*Die Weber (Drama),*
	Bahnwärter Thiel (Novelle),
	Der Biberpelz,
	Die Ratten (Dramen)
Arno Holz:	*Papa Hamlet (Drama); Gedichte*
Frank Wedekind:	*Frühlings Erwachen,*
	Lulu (Dramen)
Ludwig Thoma:	*Magdalena (Drama)*

5.13 Gegenströmungen zum Naturalismus (1890 - 1918)

Mit Wilhelm II. als Kaiser soll in Deutschland ein „neuer Kurs" eingeschlagen werden. Er entlässt Bismarck, baut die Flotte aus und will Deutschland einen „Platz an der Sonne" sichern. Die Kolonialpolitik hält im Kaiserreich Einzug, wenngleich sie hauptsächlich von Privatleuten finanziert wird. Das Wettrüsten zwischen den europäischen Großmächten mündet schließlich in den **Ersten Weltkrieg (1914 - 18).** Was gemeinhin als **Moderne** bezeichnet wird, wird von einer Vielzahl von Strömungen in der Kunst begleitet. Der Naturalismus ist eine davon. Jedoch sind nicht alle Literaten der Auffassung, man müsse die Wirklichkeit möglichst real darstellen, einige hinterfragen vielmehr das Empfinden und die Eindrücke ihrer Charaktere. Generell sind die Menschen der Epoche durch die ständigen politischen Krisen und die rasche Weiterentwicklung in den Naturwissenschaften verunsichert. Die Einflüsse der „neuen" Wissenschaft **Psychologie** auf die Kunst sind enorm.

Impressionismus

Dieser Begriff stammt aus der französischen Malerei. Bekannte Impressionisten sind *Claude Monet* und *Edouard Manet.* Ihnen geht es darum, mit bildnerischen Mitteln die Wirkung von Licht, Farbe und Luft auf die Gegenstände wiederzugeben. Impressionistische Bilder wirken verschwommen, da es den Künstlern ausschließlich auf die Ausdruckskraft von Farbe und Licht ankommt. Auf die Literatur übertragen bedeutet dies, die Eindrücke (Impressionen) von Menschen, ihre Empfindungen, sollen wiedergegeben werden. Das beinhaltet eine Abkehr vom Naturalismus, der den Menschen in seiner Umgebung darstellt.

Neuromantik

In dieser Richtung vermischen sich die Forderungen der Romantik mit der Psychologie des Unbewussten. Gefühle, Innerlichkeit und eine humanistische Lebenshaltung sind ihren Vertretern wichtig.

Symbolismus

Er stellt die Abkehr von der Kunstauffassung der Realisten und Naturalisten dar. Nicht „Natur = Kunst – x", sondern **„l´art pour l´art"** ist die Devise der Symbolisten. Die Kunst soll um ihrer selbst willen da sein. Das Schöne wird dargestellt, Ästhetik spielt eine große Rolle. Es geht darum, ein „höheres Reich der Kunst" zu vertreten, dem Wesen der Dinge auf die Spur zu kommen und mit dem dichterischen Wort die Wahrheit zu verkünden. Diese Kunstrichtung hat ihren Ursprung in Frankreich. Ein bedeutender deutscher Vertreter der „reinen Poesie" ist *Stefan George.* Zunächst überträgt er die Werke der französischen Symbolisten ins Deutsche. Um seine eigenen Werke vor dem Alltäglichen zu schützen, gibt er sie zunächst nur in kleiner Auflage für seine Freunden heraus. Eine Besonderheit an Georges Dichtung ist auch, dass er durchgehend kleinschreibt, oft keine Satzzeichen verwendet und ein Schriftbild bevorzugt, das seiner Handschrift nachempfunden ist. Das Gedicht soll also schon auf den ersten Blick als Kunstwerk erkannt werden.
Alle Künstler der Epoche haben gemeinsam, dass um die Jahrhundertwende das Gefühl einer Endzeitstimmung entsteht. Niemand weiß, was das 20. Jahrhundert bringen wird, nachdem sich gegen Ende des 19. Jahrhunderts in kurzer Zeit so vieles verändert hat. Man nennt diese melancholische Tendenz **Fin-de-Siècle**-Stimmung (Ende des Jahrhunderts). Ein anderer wichtiger Begriff ist die **Dekadenz** (frz. Verfall). Man glaubt, mit dem Ende des Jahrhunderts werde gleichsam das Ende der abendländischen Kultur eingeläutet.

Wichtige Autoren und Werke sind:

Arthur Schnitzler:	*Der Reigen (Drama),*
	Leutnant Gustl (Novelle); Traumnovelle
Stefan George:	*Gedichte*
Heinrich Mann:	*Professor Unrat,*
	Der Untertan (Romane)
Thomas Mann:	*Tonio Kröger (Novelle)*
	Buddenbrooks (Roman)
Rainer Maria Rilke:	*Gedichte*
Hermann Hesse:	*Unterm Rad (Roman)*

5.14 Expressionismus (1910 – 1920)

Wie auch der Impressionismus kommt der Expressionismus (lat. expressio = Ausdruck) aus der Malerei. Die Expressionisten verstehen sich auch als Gegenströmung zum Impressionismus und zum Naturalismus. Die künstlerische Ästhetik des Symbolismus verneinen sie ebenso. Ihre Themen sind Entfremdung, politisches Chaos als Gegenbild zum Untertanengeist der wilhelminischen Ära, Bewusstseinskrisen, die Zukunftsängste zu Beginn des neuen Jahrhunderts durch die massive Verstädterung und vor allem die Erlebnisse des Ersten Weltkrieges. Ihre Gefühle bringen die Expressionisten in der Malerei durch grelle Farben, Verzerrungen in Form und Proportion und radikale Vereinfachungen zum Ausdruck. Die Dichter tun dies durch freie Rhythmen, die Auflösung herkömmlicher Wort- und Satzstrukturen, die Verwendung von Sprachbildern und Neologismen.
Innerhalb des Expressionismus gibt es den **Dadaismus** (vom Kinderwort *dada*), der auf der Suche nach neuen Formen des Ausdrucks ist. Überkommene Kunstauffassungen sollen überwunden und die Struktur der Sprache soll verändert werden. Der **Surrealismus** (z. B. *Salvador Dali* in der Malerei) stellt Verzerrungen, groteske Visionen und absurde Erlebnisse in den Mittelpunkt. Vertreter der Richtung in der Literatur sind *Georg Heym* und *Franz Kafka.* In „Die Verwandlung“ lässt Letzterer seinen Protagonisten Gregor Samsa eines Tages als Käfer aufwachen, der fortan mit seiner Familie in der Wohnung als Insekt leben muss. Auf diese Weise versucht Kafka, die Probleme des modernen Lebens (Einsamkeit, Entfremdung, Suche nach Erlösung) darzustellen.

Gemeinsam ist allen Vertretern der Epoche die Angst vor dem technischen Fortschritt und den Herausforderungen des 20. Jahrhunderts. Im Gegensatz zu den Vorgängerepochen möchten die Expressionisten aber handeln. Zeitschriften, die in dieser Zeit erscheinen, heißen daher auch „Der Aufbruch“ oder „Der Aufschwung“.

Wichtige Autoren Werke sind:

Georg Kaiser:	*Der Bürger von Calais (Drama)*
August Stramm:	*Gedichte*
Franz Kafka:	*Der Prozess (Roman); Das Urteil, Die Verwandlung (Erzählungen)*
Georg Trakl:	*Gedichte, z. B. Grodek*
Jakob van Hoddis:	*Gedichte, z. B. Weltende*
Gottfried Benn:	*Gedichte, z. B. Sammlung Morgue*
Georg Heym:	*Gedichte*

5.15 Dichtung zwischen den Weltkriegen (1918 – 1939)

Nach dem Ersten Weltkrieg muss sich die neu gegründete **Weimarer Republik** erst festigen. Politische und ökonomische Krisen (Inflation, Ruhrkampf, Hitlerputsch) sind 1924 überwunden; die Regierungszeit *Gustav Stresemanns* wird als die „Goldenen Zwanziger“ bezeichnet. Mit diesem Jahrzehnt beginnt der Siegeszug von Rundfunk und Fernsehen. Die Dichter der Zeit beschäftigen sich mit der Bewältigung des Ersten Weltkrieges und dessen Auswirkungen auf die Bevölkerung (v. a. „den kleinen Mann“), weiterhin mit dem Verlust von Traditionen und dem Übergang in die neue Zeit. Die Dichtkunst der **Neuen Sachlichkeit** ist, wie der Name schon sagt, nüchtern, distanziert, wenig emotional. Der von *Walter Gropius* begründete Kunst- und Architekturstil des **Bauhauses** beeinflusst die Literaten zusätzlich. An die Stelle der ästhetisch ausgeschmückten Kunst (→ Symbolismus, Kapitel 5.14 „Expressionismus“) tritt die Betonung der **Gebrauchsliteratur:** Journalistische und dokumentarische Formen rücken in den Vordergrund, mit einem Schwerpunkt auf der Sozialkritik. Auch die Lyrik sucht den Kontakt zum Publikum: Bänkelsang, Ballade, Moritat und Song ersetzen strenge Gedichtformen. In der Weimarer Republik rückt das Genre **Roman** wieder stärker in den Vordergrund, das es erleichtert, die Lebensumstände der Menschen detailliert zu beschreiben.

Wichtige Autoren und Werke sind:

Jakob Wassermann:	*Der Fall Mauritius (Roman)*
Thomas Mann:	*Der Zauberberg (Roman)*
Alfred Döblin:	*Berlin Alexanderplatz (Roman)*
Hermann Hesse:	*Der Steppenwolf (Roman)*
Hans Fallada:	*Kleiner Mann – was nun? (Roman)*
Erich Maria Remarque:	*Im Westen nichts Neues (Roman)*

Das Ende der Weimarer Republik läutet die **Weltwirtschaftskrise (1929)** ein. Anfang der Dreißigerjahre erhalten die **Nationalsozialisten** in Deutschland Zulauf, am 30. Januar 1933 wird Hitler Reichskanzler. Unter seiner Diktatur darf nur veröffentlicht werden, was der nationalsozialistischen Ideologie entspricht (Mutterrolle der Frau, Verherrlichung des Militärs und des Krieges, rassistische und antisemitische Texte, Führerverehrung). Kulte und Riten aus der Germanenzeit werden übernommen. Die deutschen Schriftsteller schreiben in Hitlers Sinn, gehen in die „Innere Emigration“ oder verlassen Deutschland.

Exilliteratur

USA:	*Thomas Mann, Oskar Maria Graf, Bertolt Brecht*
Skandinavien:	*Bertolt Brecht (Dänemark, Schweden), Kurt Tucholsky (Schweden)*
Süd-/Mittelamerika:	*Stefan Zweig (Brasilien), Anna Seghers (Mexiko)*
Schweiz, Frankreich, USA:	*Erich Maria Remarque*

Die Literatur der Emigranten zu veröffentlichen ist in Hitler-Deutschland verboten, weshalb viele Schriftsteller ihren Lebensunterhalt nicht mehr mit dem Schreiben verdienen können (Ausnahme: Stefan Zweig und Thomas Mann). Ihre Werke finden erst in der Nachkriegszeit Beachtung. Die Exilliteratur ist keine Literatur mit eigenen Epochenkennzeichen. Sie ist ein Sammelbegriff für die Werke, die deutsche Autoren während ihres Auslandaufenthaltes verfasst haben. Das Thema vieler Exilromane ist Deutschland. Es erfolgt eine kritische Auseinandersetzung mit dem sogenannten Dritten Reich. Doch auch die Lebensbedingungen im Exil werden thematisiert. In der Lyrik entstehen vor allem Spott- und Schmähgedichte gegen die Nationalsozialisten und das „Großdeutsche Reich“.

Im Exil beginnt der Weltruhm *Bertolt Brechts.* Seine wichtigsten Dramen entstehen. Das Epische Theater (→ Kapitel 6.2 Dramatik) wird weiterentwickelt.

Innere Emigration

Der Begriff steht für diejenigen Dichter, die in Hitler-Deutschland geblieben sind. Dies muss nicht bedeuten, dass sie mit dem Nationalsozialismus übereinstimmen. Teilweise sind sie wegen ihrer Tätigkeit Anfeindungen und Einschränkungen ausgesetzt. Gemeinsam haben sie aber, dass sie sich nicht in die Schranken der nationalsozialistischen Literatur zwängen lassen, sondern ihrem eigenen Sprachstil treu bleiben. Um schreiben zu können, gehen sie Kompromisse ein. *Hans Carossa* z. B. setzt sich für die Freilassung eines jüdischen Dichters aus dem Konzentrationslager ein, verfasst aber auch ein Geburtstagsgedicht für Hitler. Zu den Dichtern der Inneren Emigration gehören *Erich Kästner, Werner Bergengruen, Marie-Luise Kaschnitz, Elisabeth Langgässer* und andere.

Wichtige Autoren und Werke sind:

Thomas Mann:	*Lotte in Weimar (Roman)*
Anna Seghers:	*Das Siebte Kreuz (Roman)*
Stefan Zweig:	*Schachnovelle*
Bertolt Brecht:	*Leben des Galilei,* *Mutter Courage und ihre Kinder,* *Der gute Mensch von Sezuan,* *Der kaukasische Kreidekreis (Dramen)*
Lion Feuchtwanger:	*Das Exil (Roman)*

5.16 Die deutsche Literatur von der Nachkriegszeit bis zur Wiedervereinigung (1945 – 1990)

Wichtig ist bei der Betrachtung der deutschen Nachkriegsliteratur, dass sich mit den beiden unterschiedlichen politischen Systemen auch zwei verschiedene Arten der Dichtung entwickeln. Während die Literaten im Westen größtenteils frei schreiben können, haben sich die Schriftsteller in der DDR den Vorgaben des Staatsapparats unterzuordnen.

5.17 Die Literatur in der BRD bis 1989

Nach 1945 muss in Westdeutschland ein literarischer Neuanfang dahingehend vollzogen werden, dass die Bevölkerung wieder an freie Literatur gewöhnt werden muss, nachdem sie zwölf Jahre lang nationalsozialistisch gelenkte Kulturpolitik hinter sich hat. Die Literatur der Weimarer Republik muss erst aufgearbeitet werden, dazu kommt die Exilliteratur, deren Intention den Deutschen unbekannt ist, und es müssen wichtige Werke aus dem Ausland zugänglich gemacht werden, die aufgrund des fehlenden Austausches in den Jahren der nationalsozialistischen Diktatur noch gar nicht bekannt sind. Während die deutschen Dichter zunächst weniger Erfolg haben, ist die ausländische Literatur im Nachkriegsdeutschland beliebt. *Thornton Wilders* Stücke „Unsere kleine Stadt“ und „Wir sind noch einmal davongekommen“ vermitteln den Menschen das Gefühl, dass man es auch nach großen Rückschlägen wieder zu etwas bringen kann. Auch religiöse oder philosophische Texte stoßen auf das Interesse der Deutschen.

Nicht vergessen werden darf, dass die Zeitung in der Nachkriegszeit eine wichtige Rolle spielt. Mit diesem Medium wird auf der einen Seite der Hunger nach Informationen gestillt und zum anderen erscheinen dort Fortsetzungsromane, die die Verbreitung der Literatur erleichtern.

Die bevorzugte Gattung in der Nachkriegszeit wird die Prosa. Die **Kurzgeschichte** (nach dem Vorbild der amerikanischen Short-Story) lässt sich leicht in den Zeitungen verbreiten. Vorbild für die epische Kleinform sind die Werke von *Ernest Hemingway.* Bekannte deutsche Autoren sind *Heinrich Böll, Wolfgang Borchert, Ilse Aichinger* und *Wolfdietrich Schnurre.* In den Kurzgeschichten steht das Schicksal eines Menschen im Vordergrund, eine Konfliktsituation, die er bewältigen muss. Sie eignen sich also gut dazu, die Not der Nachkriegszeit, Gewissensentscheidungen während der NS-Diktatur und individuelle Erfahrungen darzustellen.

Das **Hörspiel** erfährt ebenso einen Aufschwung. Über das Radio wird es ausgestrahlt und kann so viele Menschen erreichen.

Die Gruppe 47

Aus einer Zusammenkunft von Schriftstellern, die aufgrund der alliierten Pressezensur nicht veröffentlichen dürfen, entsteht 1947 die Gruppe 47, die zwanzig Jahre lang die Literatur der BRD prägt. Viele Preisträger der Fünfzigerjahre entstammen der Gruppe 47, z. B. *Günter Eich, Heinrich Böll, Ilse Aichinger, Ingeborg Bachmann, Martin Walser* und *Günter Grass.* Sie treten für eine neue, realistische Literatur ein.

Wichtige Autoren und Werke sind:

Gottfried Benn:	*Gedichte*
Günther Eich:	*Träume (Hörspiel)*
Paul Celan:	*Todesfuge (Gedicht)*
Wolfdietrich Schnurre:	*Kurzgeschichten*
Wolfgang Borchert:	*Draußen vor der Tür (Drama), Kurzgeschichten*

Von der Gründung der BRD bis zu den „68ern“

Die „Ära Adenauer“ mit ihrer konservativen Grundhaltung, beeinflusst durch das **Wirtschaftswunder** und die daraus resultierende Konsumlust der Bevölkerung, weckt die Kritik der jungen Schriftsteller. Im Gegensatz zu der erneut auftretenden „klassischen Rollenverteilung“ finden in diesen Jahrzehnten die Autorinnen regen Anklang (z. B. *Marie-Luise Kaschnitz* und *Ingeborg Bachmann*). Im Zeitalter des **Kalten Krieges,** das mit ständiger Kriegsgefahr einhergeht, stellt sich vielen Menschen die Frage, welchen Einfluss sie haben und wie sie ihr Leben gestalten sollen. Der deutschsprachigen Literatur der Zeit entstammen viele weltberühmte Werke.

Wichtige Autoren und Werke:

Gottfried Benn:	*Gedichte*
Nelly Sachs:	*Flucht und Verwandlung (Gedichtband)*
Marie-Luise Kaschnitz:	*Neue Gedichte*
Max Frisch:	*Homo faber (Roman)*
Heinrich Böll:	*Ansichten eines Clowns (Roman)*
Friedrich Dürrenmatt:	*Der Besuch der alten Dame, Die Physiker (Dramen)*
Siegfried Lenz:	*Deutschstunde (Roman)*

Mit der Politisierung der Gesellschaft wird auch die Literatur kritischer. Mitte der 1960er regiert eine Große Koalition aus SPD/CDU/CSU. Die „fehlende“ Opposition ersetzt die APO (Außerparlamentarische Opposition). Die Studenten begehren gegen schlechte Studienbedingungen und eingeschränkte Lehre auf. Es kommt zu Revolten. Die Politik wird in die Literatur getragen. Interviews, Protokolle, Prozessakten werden in den Werken verarbeitet (Dokumentarliteratur). Gesellschaftskritik („Die verlorene Ehre der Katharina Blum“ von Heinrich Böll), die Emanzipationsbewegung der Frauen (z. B. Elfriede Jelinek) und neue Formen der Poesie („konkrete Poesie“) halten Einzug in die Literatur.

Wichtige Autoren und Werke sind:

Heinrich Böll:	*Gruppenbild mit Dame (Roman); Die verlorene Ehre der Katharina Blum (Erzählung)*
Heinar Kipphardt:	*In der Sache J. R. Oppenheimer*
Erich Fried:	*Und Vietnam und (Gedichtband)*

Die Literatur der 1970er Jahre

Nach der politisch aktiven Literatur der 60er, die mit den Studentenrevolten ihren Höhepunkt erreicht, findet sich in den Werken der Siebzigerjahre wenig Politisches. In der **Neuen Subjektivität** befreit sich das Ich von Vorgaben und Erwartungen. Betont wird allerdings die Verantwortungsbereitschaft. Die Lyrik entfernt sich weiter von den klassischen Formen, die als ästhetische Fesseln wahrgenommen werden, und rückt näher an den Leser, der zum Mitdenker werden soll, heran.

Wichtige Autoren und Werke sind:

Gabriele Wohmann:	*Ernste Absicht (Roman)*
Elfriede Jelinek:	*Die Liebhaberinnen (Roman)*
Ursula Krechel:	*Gedichte*

Die Literatur der 1980er Jahre

Die literarischen Strömungen der Epoche werden unter **Postmoderne** zusammengefasst. Der Begriff bedeutet „nach der Moderne“ und entsteht aus der Abkehr von der vermeintlich modernen Literatur (der Vorgängerjahrzehnte) hin zu den als veraltet geltenden Formen. Traditionelle Vorgaben werden offen ausgelegt, Genres werden vermischt. Postmoderne ist aber auch zu verstehen als Gegensatz zur gesellschaftlichen und zur ästhetischen Moderne (→ Dadaismus/Surrealismus, Kapitel 5.14 „Expressionismus").

Wichtige Autoren und Werke sind:

Brigitte Kronauer:	*Rita Münster (Roman)*
Botho Strauss:	*Trilogie des Wiedersehens (Drama)*
Patrick Süskind:	*Das Parfüm (Roman)*
Stan Nadolny:	*Die Entdeckung der Langsamkeit (Roman)*

5.18 Die Literatur in der DDR

Nicht lange nach der Gründung der Deutschen Demokratischen Republik 1949 müssen sich die dort lebenden deutschen Autoren an die politische Ideologie anpassen. Anfangs werden sie gefördert, damit sie in der ehemaligen sowjetischen Besatzungszone bleiben oder dorthin ziehen, wie z. B. *Anna Seghers, Bertolt Brecht, Lion Feuchtwanger* und *Alfred Döblin.* Kunst soll als politisches Instrument dienen und beim Aufbau des „real existierenden Sozialismus" helfen.
Demnach gilt für die Kunst die Orientierung am **Sozialistischen Realismus** (sozialistisch ausgerichtet nach den Prinzipien des Realismus arbeitend).

In der Anfangszeit spielt die kritische **Auseinandersetzung mit dem Faschismus** eine große Rolle in der DDR-Literatur, ebenso wie die Verherrlichung des Arbeiter- und Bauernstaates und die Kritik an der Entwicklung der BRD. Mit *Bertolt Brecht* hat die DDR einen Schriftsteller, der international Ansehen erlangt, wenngleich er in der BRD erst später anerkannt wird. Seine Form des Theaters, das **Epische Theater,** wird in Berlin praktiziert. Hier gründet er zusammen mit seiner Ehefrau *Helene Weigel* das Berliner Ensemble, eines der bedeutendsten Theater der DDR, das bis heute existiert.

Allgemein ist die Literatur der DDR den politischen Gegebenheiten des Kalten Krieges ausgesetzt: Mauerbau, Kuba-Krise, heißer Draht zwischen der UdSSR und den USA: Je nachdem, wie die politische Lage ist, werden Schriftsteller gefördert oder bekommen Publikationsverbot. Die Zusammenarbeit mit westlichen Verlagen ist untersagt. Nur wenige Werke von DDR-Autoren werden im Westen veröffentlicht.

Nach dem Amtsantritt *Erich Honeckers* (1971) und dem **Grundlagenvertrag mit der BRD (1972)** werden mehr Werke aus der DDR in der BRD veröffentlicht. Die kritische Auseinandersetzung mit der Politik ist aber weiterhin nicht gestattet. Nach der Ausbürgerung *Wolf Biermanns* während einer Konzertreise in die BRD (1976) erklären sich mehrere Schriftsteller der DDR solidarisch mit ihm, was für sie Repressalien nach sich zieht.

Viele DDR-Autoren thematisieren in ihren Werken den Unterschied zwischen der staatlichen Wunschvorstellung vom Sozialismus und der Realität. Ein Beispiel hierfür ist *Christa Wolfs* „Der geteilte Himmel". Die Erzählung ist 1963 erschienen und spielt 1961, kurz vor dem Bau der Berliner Mauer. Rita und Manfred sind ein Paar, das durch den Mauerbau getrennt wird. Manfred ist zuvor in den Westen gegangen. Rita versucht, ihn zur Rückkehr zu bewegen, was ihr aber nicht gelingt. Es kommt zum Mauerbau. Rita wird nach einem Selbstmordversuch ohnmächtig, erwacht wieder und erzählt ihre Geschichte mit Manfred rückblickend.

Manche Dichter haben in den 40 Jahren, die die DDR existiert hat, das Land verlassen, sei es aus Enttäuschung über die Entwicklung des Sozialismus oder aufgrund der staatlichen Überwachung und der geringen Absatzmöglichkeiten für ihre Werke. Dazu gehören: *Horst Bienek, Walter Kempowski, Günther Zwerenz, Heinar Kipphardt.*

Zu den in der DDR erfolgreichen und vielgelesenen Autoren zählen u. a. *Franz Fühmann, Brigitte Reimann, Volker Braun* und *Heiner Müller.*
„Ole Bienkopp" (1963) von *Erwin Strittmatter* wurde zu einem der meistgelesenen Werke der DDR. In diesem Roman geht es um einen Kleinbauern, der anfangs begeistert von den Neuerungen durch den Sozialismus ist, aber schnell merkt, dass die staatliche Ideologie und die Bürokratie in der DDR große Problem aufwerfen.

Wichtige Autoren und Werke sind:

Bertolt Brecht:	*Buckower Elegien (Gedichtzyklus)*
Stefan Heym:	*Fünf Tage im Juni (Roman)*
Christa Wolf:	*Der geteilte Himmel, Kassandra (Romane)*
Reiner Kunze:	*Die wunderbaren Jahre (Kurzgeschichten)*
Ulrich Plenzdorf:	*Die neuen Leiden des jungen W. (Roman)*
Erwin Strittmatter:	*Der Wundertäter, Der Laden (Romane)*

5.19 Die deutsche Literatur nach 1990

Die „Wende“ bedeutet auch für die Schriftsteller der DDR einen Umbruch. Sie dürfen frei veröffentlichen, was ihnen vorher nicht möglich war. So erscheinen von ihnen in den frühen Neunzigern hauptsächlich Werke, die sich mit dem Alltag in der ehemaligen DDR beschäftigen. Ebenso gibt es viele Bücher, die die Wiedervereinigung thematisieren. Die 1990er markieren auch das Ende der Auffassung, Literatur müsse eine aufklärende Funktion haben. Die Autoren setzen sich mit der **Globalisierung** und den Herausforderungen der modernen Welt auseinander. Die **Migrantenliteratur** nimmt einen großen Raum auf dem literarischen Markt ein, denn sie repräsentiert das Leben von knapp sieben Millionen deutschen Bürgern. Der Einfluss von Computer und Internet auf die Literatur ist nicht zu unterschätzen.

Wichtige Autoren und Werke sind:

Siegfried Lenz:	*Schweigeminute (Novelle)*
Günther Grass:	*Mein Jahrhundert (Kurzgeschichten)*
Martin Walser:	*Finks Krieg (Roman)*
Uwe Timm:	*Die Entdeckung der Currywurst (Novelle)*
Bernhard Schlink:	*Der Vorleser (Roman)*
Robert Schneider:	*Schlafes Bruder (Roman)*
Ingo Schulze:	*Simple Storys (Roman)*

6 Literaturgattungen

Texte kann man allgemein in poetische und nicht-poetische unterteilen. Nicht-poetische Texte nennt man auch Gebrauchsliteratur oder Sachtexte. Dies sind z. B. journalistische Schriftstücke (Bericht, Reportage, Kommentar ...), aber auch Werbetexte, Gebrauchsanweisungen usw. Bei den poetischen Werken werden die literarischen Gattungen Epik, Dramatik und Lyrik unterschieden. Diese lassen sich noch weiter untergliedern.

6.1 Epik

Die Epik ist die erzählende Literatur. Sie wird in Groß- und Kleinformen unterteilt.

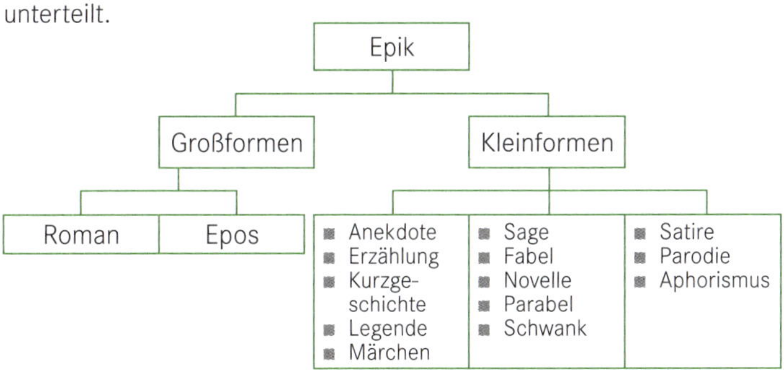

Auch der Roman kann in Unterformen unterteilt werden: zum Beispiel Kriminalroman, Entwicklungsroman, Abenteuerroman, Liebesroman ...

Alle epischen Formen tragen spezifische Merkmale, durch die sie voneinander zu unterscheiden sind. Diese werden im → Kapitel 2 „Texte lesen und verstehen“ näher erläutert.

Allgemein ist es bei der Analyse von epischen Texten wichtig, sich in die einzelnen Figuren hineinzuversetzen. Man muss sich über die Rolle des Erzählers, den Ort, die Zeit, die Figurenkonstellation usw. im Klaren sein.

6.2 Dramatik

Dramatische Texte lassen sich leicht an der Figurenrede erkennen. Sie bestehen hauptsächlich aus Dialogen und Monologen, versehen mit Regieanweisungen. Dramen sind für die Aufführung im Theater gedacht. Sie lassen sich in Akte (entspricht: Kapiteln) und Szenen untergliedern. Es gibt drei dramatische Gattungen:

1) **Tragödie:** Hier wird ein Konflikt dargestellt, der aus einem Verstoß gegen die höhere Ordnung entsteht, der Held muss sich oft zwischen zwei Wegen entscheiden. Tragödien enden mit dem Untergang des Helden.
2) **Komödie:** Die Handlung findet einen guten Ausgang. Im Gegensatz zur Tragödie, die Erschütterung und Mitleid hervorrufen will, soll die Komödie menschliche Schwächen auf heitere Art und Weise entlarven.
3) **Tragikomödie:** Verschmelzung der beiden oben genannten Gattungen.

Die Figurenrede besteht aus **Dialog und Monolog.**

Der **Dialog** (Gespräch von mindestens zwei Personen) gibt Aufschluss über die Beweggründe der Figuren für ihr Handeln, die Beziehungen der Figuren zueinander und die Einstellung der einzelnen Figuren zur Handlung. Der Sprachstil der Figuren ist für das Verstehen der Handlung wichtig (herrisch/unterwürfig, Dialekt/gehobene Sprache, elliptische Sprache/wohl gewählte Worte).
Der **Monolog** (Selbstgespräch) verrät dem Zuschauer etwas über das Innere einer Figur, über ihre Gedanken, Gefühle, Pläne und ihre Einstellung zur Handlung.

Geschlossenes Drama nach Aristoteles (384 – 322 v. Chr.)

Das aristotelische oder auch klassische Drama war lange Zeit die vorherrschende Formvorgabe für Theaterstücke. Die Handlung des Dramas entspringt einem Konflikt gegensätzlicher Charaktere, die diesen lösen müssen. Wichtig für die Spielbarkeit des Dramas war für *Aristoteles,* dass die Handlung an einem Tag und an einem Ort stattfand (Einheit von Zeit und Ort). Der Aufbau des klassischen Dramas erfolgte ebenfalls nach strengen Vorgaben.

1. Akt (Exposition):	Vorstellen der Personen und der Handlung, Grundlagen des Konflikts
2. Akt (progredierendes Moment):	Steigerung der Spannung, der Konflikt wird entfaltet
3. Akt (Höhepunkt/Peripetie):	unerwartete Wendung im Schicksal des Helden (positiv oder negativ)
4. Akt (retardierendes Moment):	Verzögerung in der Handlungsentwicklung, die Spannung soll noch einmal erhöht werden
5. Akt (Lösung des Konflikts):	Katastrophe oder gutes Ende

Lessing fordert in seiner „Hamburgischen Dramaturgie" den Rückbezug auf das aristotelische Drama. Die Dichter der Klassik unterwerfen sich ebenfalls den strengen Richtlinien des antiken Theaters.

Offene Dramenformen

Hier findet man oft lose aneinandergereihte Szenen und Bilder. Die Handlung endet offen, es gibt verschiedene Handlungsstränge. Die Einheit von Zeit und Ort wird nicht gewahrt. Der Fortgang der Handlung wird durch Reflexionsphasen unterbrochen. Offene Dramen findet man immer wieder in der Literaturgeschichte, z. B. schon bei Georg Büchner, später im Expressionismus, bei Max Frisch und in der modernen Literatur.

Bertolt Brecht hat mit einer besonderen Form des offenen Dramas, dem **Epischen Theater,** die Vorstellungen von der Gattung revolutioniert. Er baut gezielt Erzählungen (Epik) in seine Theaterstücke ein, lässt seine Figuren singen (Songs) und legt Wert darauf, dass das Publikum mit einbezogen wird. Er grenzt sich also gezielt von der klassischen Form des Dramas ab. Das Geschehen läuft nicht auf einen Höhepunkt zu, sondern wird in verschiedenen Möglichkeiten präsentiert. Die Einschübe dienen als **Verfremdungseffekt** *(V-Effekt),* der die Zuschauer immer wieder zum Nachdenken anregen und sie aus ihrer passiven Haltung im Theater aufrütteln soll.

Dramatische Form	Epische Form des Theaters
Die Bühne „verkörpert" einen Vorgang.	Die Bühne „erzählt" einen Vorgang.
Der Zuschauer wird in eine Handlung hineinversetzt.	Der Zuschauer wird einer Handlung gegenübergestellt.
Sie verwickelt den Zuschauer in eine Aktion.	Sie macht ihn zum Betrachter.
Sie verbraucht dabei seine Aktivität.	Sie weckt seine Aktivität.
Sie ermöglicht ihm Gefühle.	Sie erzwingt von ihm Entscheidungen.
Sie vermittelt ihm Erlebnisse.	Sie vermittelt ihm Kenntnisse.
Es wird mit Suggestion gearbeitet.	Es wird mit Argumenten gearbeitet.
Die Empfindungen werden konserviert.	Die Empfindungen werden bis zu Erkenntnissen getrieben.
Der Mensch wird als bekannt vorausgesetzt.	Der Mensch ist Gegenstand der Untersuchung.
Der Mensch ist unveränderlich.	Der Mensch verändert und wird verändert.

Moderne und absurde Dramenformen

Absurde Theaterformen wenden sich von der traditionellen linearen Handlungsführung ab und hin zu Stücken mit offenem oder keinem Ende. Das Drama arbeitet also nicht auf die Lösung eines Konflikts hin, sondern will den Menschen zeigen, dass eine menschliche Existenz ohne Sinn absurd ist. Die Erfahrung der Absurdität beruht auf der Erkenntnis, dass das eigene Leben und Handeln ohne Sinn ist. Die Figuren leben und reden aneinander vorbei, oftmals können sie in der Welt, in der sie leben, gar nicht bestehen. Unterstützt wird das sinnlose Miteinander der Figuren durch eine entsprechende Kulisse und Regieanweisungen.

Ein Beispiel für ein absurdes Theaterstück ist *Samuel Becketts* „Warten auf Godot“, in dem zwei Landstreicher auf einen nie erscheinenden Mann warten und sich die Zeit mit sinnlosem Diskutieren, Streitereien und Reden mit Passanten vertreiben.

6.3 Lyrik

Gedichte erkennt man in der Regel auf den ersten Blick an ihrer besonderen Form und an einer gezielt und kunstvoll eingesetzten Sprache. Gerade die moderne Lyrik spielt oft mit der äußeren Gestaltung der Werke, während sich die traditionellen Gedichte in ihrem Aufbau ähneln.

Grundbegriffe der Lyrik

Wie in den anderen Literaturgattungen gibt es auch für die Lyrik eine besondere Fachsprache.

Vers: Eine Zeile im Gedicht heißt Vers. Verse sind jedoch keine vollständigen Sätze, sondern vom Dichter genau so angelegt, wie es der Rhythmus des Werkes verlangt. Es kommt oft vor, dass ein Satz sich über die ganze Strophe zieht oder auch im nächsten Vers beendet wird. Im Gedicht kommt es nicht auf die grammatikalisch richtige Form an, sondern auf die Betonung der einzelnen Wörter und Silben.

Strophe: Mehrere Verse werden zu einer Strophe zusammengefasst. Die Strophenform kann in manchen Gedichtformen genau vorgegeben sein. In modernen Gedichten ist die Strophenlänge und -zahl frei bestimmbar und kann innerhalb eines Werkes differieren.

Besondere Gedichtformen:

Sonett: Die Gedichtform, die vor allem im Barock verwendet wurde. Sie ist gekennzeichnet durch je zwei Quartette (Strophe mit vier Versen) und zwei Terzette (Strophe mit drei Versen).

Ode: Ein langes Gedicht, meist ohne Reime, aber in Strophen eingeteilt. Die Ode kann rhythmisch gegliedert sein, muss es aber nicht. Sie will besonders pathetisch gesprochen werden, ähnlich wie die Hymne.

Hymne: Sie ist ein Preis- und Lobgesang, der entsprechend seiner feierlichen Sprechweise ebenfalls keinen Rhythmusvorgaben folgen muss.

Lied: Es folgt einem bestimmten Reim und Metrum. Oft finden sich Wiederholungen (Refrain). In der Romantik war die Sonderform des *Volksliedes* besonders beliebt, das meist aus vierversigen jambischen oder trochäischen Strophen im Kreuzreim besteht.

Das lyrische Ich: Hiermit ist nicht der Dichter gemeint, sondern eine fiktive Figur. Es kann auch im Plural auftreten (wir) und ein fiktives Du ansprechen. Die Handlung im Gedicht ist ebenfalls fiktiv.

BEISPIEL: „*Ich* wollte sie aus kühlem Eisen
Und wie ein glatter fester Streif ...“ oder

„Komm in den totgesagten Park und schau:
Der Schimmer ferner lächelnder Gestade ...“

Rhythmus

Das Metrum (Versmaß) bestimmt den Rhythmus im Gedicht.

Jambus: x **x** / x **x**/x **x** / x **x** /x
Zum *Kampf* der *Wagen* *und* Ges*ä*nge
→ steigend, drängend

Trochäus: **x** x / **x**x / **x** x / **x** x
Hat der *al*te *Hexenmei*ster
→ fallend, laufend

Daktylus: **x** x x /**x** x x / **x** x
*Selt*sam im *Ne*bel zu *wan*dern
→ lebhaft, tänzelnd

Anapäst: x x **x** / x x **x**/x x **x** / x x **x**
Da er*greifts* ihm die *See*le mit *Him*melsge*walt*
→ steigend, feierlich

Aus dem Metrum und der Zahl der Hebungen (Betonungen pro Vers) ergeben sich bestimmte Versformen:

Knittelvers: 4-hebiger Jambus mit Endreim
Blankvers: 5-hebiger Jambus ohne Endreim
(→ klassische Dramen)

Alexandriner: 6-hebiger Jambus mit Zäsur in der Mitte (→ Barock)
Hexameter: 6-hebiger Daktylus mit Zäsur (→ Klassik)
Pentameter: 5-hebiger Daktylus mit Zäsur (→ Klassik)
Distichon: Verspaar, das aus Hexameter und Pentameter besteht (→ Klassik)

Wichtig für den Sprechrhythmus beim Gedicht ist das richtige Betonen am Versende:

Zeilenstil: Satzende und Versende stimmen überein.
„Wer jetzt kein Haus hat, baut sich keines mehr."

Enjambement: (Zeilensprung): Der Satz endet in einem der nächsten Verse. Das Versende wird fließend überlesen.
„Wer jetzt allein ist, wird es lange bleiben,
wird wachen, lesen, lange Briefe schreiben **E!**
und wird in den Alleen hin und her
unruhig wandern, wenn die Blätter treiben."

Hakenstil: Eine Folge von Enjambements, sodass die Verse durch die übergreifenden Satzbögen gleichsam wie verhakt erscheinen.

Reimformen

Am häufigsten werden die folgenden vier Reimformen verwendet.

Paarreim: aa bb
(„Klingt im Wind ein Wiegen*lied,*
Sonne warm hernieder*sieht.*")

Kreuzreim: ab ab
(„Hat der alte Hexen*meister*
Sich doch einmal wegbe<u>geben</u>!
Und nun sollen seine *Geister*
Auch nach meinem Willen <u>leben.</u>")

Schweifreim: abc abc

Umfassender Reim: a b b a

7 Standardschreiben

Als standardisierte Schreiben bezeichnet man Schriftstücke, die in der äußeren Form und in der Sprache an bestimmte Normen gebunden sind. Sie werden für den Umgang mit Behörden und für berufliche Belange verwendet.

7.1 Der Lebenslauf

Der Lebenslauf gibt dem zukünftigen Arbeitgeber einen lückenlosen und detaillierten Überblick über die persönlichen Daten. Er dient dazu, sich schnell über den Bewerber zu informieren, und wird daher tabellarisch nach einem bestimmten Schema angelegt.
Der Lebenslauf kann auch ausformuliert und/oder handschriftlich verlangt werden. Dies ist jedoch eine seltene Variante. Es ist dann auf eine saubere, gut lesbare Schrift zu achten.
In der Regel gibt man einen tabellarischen Lebenslauf ab, der nach den folgenden Oberbegriffen geordnet wird:

- **Herkunft** (Name, Vorname, Geburtsdatum und -ort, Familienstand, Eltern, Geschwister)
- **Schulischer Bildungsgang**
- **Praktische Tätigkeiten** (Daten, Art, Firma, Tätigkeiten)
- **Zusatzqualifikationen** (Bescheinigungen beilegen) oder besondere Kenntnisse und Fähigkeiten (Hobbys, Vereinsmitgliedschaft/leitende Funktion)

Der Lebenslauf muss ohne Fehler und eindeutig formuliert werden. Es ist darauf zu achten, dass er eigenhändig unterschrieben ist. Ein aktuelles Passfoto darf auf dem Lebenslauf nicht fehlen.

7.2 Das Bewerbungsschreiben

Das Bewerbungsschreiben wird auch Anschreiben genannt. Auch für dieses offizielle Dokument gibt es bestimmte Vorgaben, die beachtet werden müssen. Auch sollte auf eine klare und flüssige Formulierung geachtet werden, die aber zugleich sachlich ist. Zu höflich oder zu freundschaftlich ist nicht der geeignete Stil für dieses Standardschreiben. Eine herablassende Art ist ebenfalls ungeeignet, da man in der Rolle des Bewerbers hofft, eingestellt zu werden.

> Pilar Fernandez 24.01.2012
> Kümmelweg 116
> 70619 Stuttgart
>
> Firma
> Europahandel GmbH & CoKG
> Frau Marianne Odenthal
> Bahnhofstr. 1
> 70372 Stuttgart
>
> **BEWERBUNG: AUSBILDUNGSPLATZ ZUR GROSS- UND AUSSENHANDELSKAUFFRAU**
>
> Sehr geehrte Frau Odenthal,
>
> ich habe in den „Stuttgarter Nachrichten" gelesen, dass Sie Ausbildungsplätze vergeben.
>
> Zurzeit besuche ich die Theodor-Heuss-Realschule in Stuttgart. Im Juli 2012 werde ich die Schule mit dem Realschulabschluss verlassen. Meine Noten in Englisch und Französisch sind gut. Ich hatte Gelegenheit, meine Sprachkenntnisse im Ausland zu vertiefen. Ich verfüge über Grundkenntnisse der Tabellenkalkulation und sehr gute Kenntnisse der gängigen Textverarbeitungsprogramme.
> Während meines Praktikums bei der Großhandelskette MEIER hatte ich Gelegenheit, das Berufsbild einer Groß- und Außenhandelskauffrau in einem international tätigen Unternehmen näher kennenzulernen. Mein besonderes Interesse gilt seitdem der Marktforschung und der Auslandswerbung.
> Ich würde mich freuen, meine Fähigkeiten und Kenntnisse durch eine Ausbildung in Ihrem Unternehmen erweitern und vertiefen zu können.
> Gern stehe ich für ein persönliches Gespräch bereit.
>
> Mit freundlichen Grüßen
>
> *Pilar Fernandez*
>
> Pilar Fernandez
>
> Anlagen: Lebenslauf mit Foto
> Zeugnisse

Wenn der Empfänger des Schreibens unbekannt ist, verwendet man die Anrede *„Sehr geehrte Damen und Herren"*. Ist der Name des Ausbildungsleiters oder Personalchefs in einer Stellenanzeige angegeben, spricht man diesen direkt an: *„Sehr geehrte(r) Herr/Frau ..."*. Man kann den Namen des Ansprechpartners auch beim Einholen von Informationen über das Unternehmen (Zeitung, Internet, persönlich) erfahren.

Die Grußformel am Ende der Bewerbung lautet:
„Mit freundlichen Grüßen".

Das Bewerbungsschreiben ist in drei Teile gegliedert:

1) Kopf mit Angabe

- des Absenders
- des Datums
- der vollständigen und korrekten Bezeichnung und Anschrift des Empfängers (Rechtsform, mit dem Hinweis: *„Zu Händen von Herrn …/Frau …“* oder adressiert an die Personalabteilung)
- der Betreffzeile (Art der Tätigkeit, z. B. Ausbildungsstelle, und genaue Berufsbezeichnung)
- der Anrede

2) Hauptteil mit

- der Bewerbungsformel (z. B. „Hiermit bewerbe ich mich um eine Ausbildungsstelle als …“ oder „Bezug nehmend auf Ihre Ausschreibung einer Ausbildungsstelle als … möchte ich mich bewerben.“)
- der aktuellen schulischen Situation und dem voraussichtlichen Abschluss (Datum)
- bereits erworbenen Kenntnissen/Zusatzqualifikationen
- dem Interesse an genau diesem Beruf und der Begründung für die Wahl des Ausbildungsbetriebes

3) Schluss mit

- der Bezugnahme auf das weitere Einstellungsverfahren („Über eine Einladung zu einem Vorstellungsgespräch würde ich mich sehr freuen.“)
- der Grußformel
- der Anlagenaufstellung (normalerweise Lebenslauf mit Passfoto und Kopien der letzten Zeugnisse)

Äußere Formalia des Bewerbungsschreibens sind:

- weißes Papier, DIN-A4-Format
- Rand (links 24,1 mm; rechts 8,1 mm)
- eine übersichtliche Anordnung
- eine angemessene Schrifttype und Schriftgröße (z. B. Times New Roman 12)
- Zeilenabstand: 1,5-zeilig
- höfliche Anredepronomen („Sie“, „Ihre“), großgeschrieben
- Die verbindliche Rahmenvorschrift DIN 5008 für Bewerbungsschreiben muss beachtet werden.

TIPP

Für einen Arbeitsplatz gibt es meist viele Bewerber. Daher ist es wichtig, sich mit der Bewerbung von anderen abzuheben und die eigenen Vorzüge und die Eignung für den Beruf herauszuarbeiten!

7.3 Das Protokoll

Ein Protokoll dient dazu, die Ergebnisse und Vorgänge bei einer Sitzung festzuhalten und gegebenenfalls an Behörden weiterzugeben. Es ist sachlich zu schreiben.

Das Protokoll muss die Informationen vollständig und wahrheitsgemäß weitergeben. Es darf nichts hinzugefügt und nichts weggelassen werden.

Es gibt vier Möglichkeiten, ein Protokoll zu verfassen:

1) **Stichwortprotokoll**
   Die Stichpunkte müssen so präzise verfasst sein, dass Dritte den Inhalt erschließen können.

2) **Wortprotokoll**
   Es nimmt wortwörtlich alles auf, was in der Sitzung besprochen wird und wer was sagt.

3) **Verlaufsprotokoll**
   Es ist nicht so ausführlich wie das Wortprotokoll, gibt jedoch den Vorgang der Beschlussfassung und wichtige Einzelheiten wieder. Aussagen der Sitzungsteilnehmer werden in der indirekten Rede wiedergegeben. Die Zeitform des Verlaufsprotokolls ist das Präsens.

4) **Ergebnisprotokoll**
   Es gibt nur die Beschlüsse (Ergebnisse) einer Sitzung wieder. Dies ist die häufigste Variante des Protokolls. Das Ergebnisprotokoll kann im Präsens oder Präteritum verfasst werden.

Wie für ein standardisiertes Schreiben typisch, folgt auch das Protokoll formalen Vorgaben.

Zu Beginn nennt man Anlass, Datum und Thema (Protokoll der Jahreshauptversammlung des Fußballvereins „…“ am 23.10.2011). Danach werden der Beginn und das Ende der Versammlung festgehalten. Der Vorsitzende wird extra erwähnt. Die Zahl der Anwesenden wird angegeben, eventuell werden Fehlende vermerkt. Darauf folgen in tabellarischer Auflistung die Tagesordnungspunkte (TOPs). Am Ende des Protokolls stehen nochmals das Datum, die Unterschrift des Protokollanten und ggf. die des Sitzungsleiters.

Vor dem Protokollieren sollte man sich bereits Gedanken über die **Techniken des Mitschreibens** machen. So kann man beispielsweise Namen durch den Anfangsbuchstaben abkürzen, bestimmte Zeichen oder Kürzel verwenden, eine Mind-Map oder ein Cluster anfertigen. Wichtig ist, dass man beim Ausformulieren selbst den Überblick über die verwendeten Zeichen und Kürzel hat. Sie sind jedoch für das schnelle Mitschreiben aufgrund der Informationsdichte und der Schnelligkeit, in der Verhandlungen ablaufen, unerlässlich.

Protokoll über die Deutschstunde vom 27. 02. 2012

Beginn: 07.55 Uhr
Ende: 08.40 Uhr

Anwesend:	**Abwesend:**
33 SchülerInnen der Klasse 8 f	Hans Huber
RSLin Müller	

Protokollführer: Helmut Meier

Tagesordnung/Themen: Das Protokoll
TOP 1: Begrüßung
TOP 2: Organisatorisches
TOP 3: Der Aufbau eines Protokolls

Anlagen: Arbeitsblatt zum Protokoll

Zu TOP 1: Frau Müller begrüßte die Klasse.

Zu TOP 2: ...

Datum	Protokollführer/in	Sitzungsleiter/in

8 Lernstrategien

Um sich auf eine wichtige Prüfung wie die Abschlussprüfung vorzubereiten, bedarf es eines größeren Zeitraums. Es ist bei den umfangreichen Kenntnissen, die dafür nötig sind, nicht damit getan, sich kurz vor der Prüfung mit den Themen zu beschäftigen. Man muss sich gezielt das ganze Jahr hindurch mit dem Lernstoff befassen. Bloßes Auswendiglernen bringt jedoch nicht immer den gewünschten Erfolg, das Gelernte muss auch im Gedächtnis behalten werden. Dabei spielen viele Faktoren eine Rolle, die im Folgenden näher betrachtet werden sollen.

8.1 Der Lerntyp

Um erfolgreich lernen zu können, muss man sich erst darüber im Klaren sein, welcher Lerntyp man ist, um die geeignete Strategie für die Prüfungsvorbereitung herauszufinden. Dabei unterscheidet man zwischen dem visuellen (Lernen durch Sehen), dem auditiven (Lernen durch Hören) und dem haptischen (Lernen durch praktisches Tun, Anfassen) Lerntyp. Wenn man seinen Lerntyp herausgefunden hat, kann man sich gezielt der spezifischen Lernhilfen bedienen.

a) Der visuelle Lerntyp

Visuelles (von lat. videre = sehen) Lernen heißt, dass der Lerner sich am meisten merken kann, wenn er liest oder beobachtet, wie jemand etwas vorführt. Er schreibt mit, was er sieht, oder veranschaulicht es für sich mithilfe einer Grafik (z. B. Cluster, Mind-Map) oder eines Bildes. Außerdem liest er viel und sieht sich gern Fotos und Illustrationen an, um zu lernen. Wenn er diese Vorgehensweisen kombiniert, also liest, mitschreibt, Bilder sieht und selbst anfertigt, kann er das zu Lernende am besten im Gedächtnis behalten. Forscher haben herausgefunden, dass der visuelle Lerntyp außerdem viel Wert auf eine ordentliche und angenehme Lernumgebung legt.

b) Der auditive Lerntyp

Auditives (von lat. audere = hören) Lernen heißt, dass der Lerner sich am besten merken kann, was er hört. Mündlichen Erklärungen kann er leicht folgen und das Gesagte aufnehmen. Für das eigene Lernen bedeutet dies, dass Informationen, die von Lern-CDs abgespielt werden oder durch eigenes Lautlesen aufgenommen werden, am besten im Gedächtnis abgespeichert werden. Der auditive Lerner kann gut auswendig lernen, indem er laut spricht, und ist bei mündlichen Aufgaben sehr erfolgreich. Eine weitere Methode für diesen Lerntyp ist, sich den Lernstoff laut vorzusagen und ihn anderen zu erklären. Der auditive Lerntyp braucht eine ruhige Lernumgebung. Geräusche, v. a. Musik im Hintergrund, lenken ihn leicht ab.

c) **Der haptische Lerntyp**

Haptisches (von lat./griech. haphe = das Berühren) Lernen heißt, dass der Lerner sich am besten das merken kann, was er selbst ausprobiert. Im naturwissenschaftlichen Unterricht kann er sich am meisten merken, wenn er bei Versuchen mithilft und das zu Lernende „greifbar" wird. In anderen Fächern engagiert er sich z. B. bei Rollenspielen. Auch der haptische Lerntyp muss für sich den Stoff visualisieren. Er wird, und das unterscheidet ihn vom visuellen Lerntyp, auch als *kinästhetischer* Lerner bezeichnet (→ Kapitel 8.4 Edukinetische Übungen").

TIPP

Man kann seinen Lerntyp leicht ermitteln, allerdings ist dazu eine weitere Person nötig. Sie schreibt auf einen Zettel 10 beliebige Begriffe, die die Testperson still jeweils 5 Sekunden betrachtet. Anschließend werden 30 Sekunden lang Kopfrechenaufgaben gemacht. Danach muss die Testperson die 10 Begriffe aufschreiben. Nach dem Aufschreiben liest der Helfer 10 weitere Begriffe laut und nicht zu schnell vor. Es folgen wieder 30 Sekunden Kopfrechenaufgaben und das Aufschreiben der Begriffe. Für den haptischen Lerntyp benötigt man 10 Gegenstände, die dieser vor den Rechenaufgaben ertasten soll.

Mit einem Lerntypentest kann man feststellen, welcher Lerntyp jeweils am stärksten ausgeprägt ist, und sein Lernen darauf einstellen. Konnten nach dem ersten Test (Betrachten) die meisten Wörter nach dem Rechnen wiedergegeben werden, ist man ein visueller Lerntyp. Entsprechend verhält es sich mit dem auditiven und dem haptischen Lerntyp. Allerdings ist es grundsätzlich ratsam, viele Lernkanäle zu nutzen, sich also auch die Vorteile der anderen Lerntypen zu eigen zu machen, denn dadurch werden viele Verbindungen zum Stoff geschaffen, die das Gehirn zu bleibenden Informationen verknüpft.

8.2 Lernort und -zeit

Eine positive Einstellung zum Lernen bekommt man nur, wenn man nicht durch andere, vermeintlich angenehmere Dinge abgelenkt wird. Für erfolgreiches Lernen muss eine ansprechende Lernumgebung gestaltet werden. Man darf aber nicht vergessen, dass dieser Lernort ein Arbeitsplatz ist, weshalb bestimmte Utensilien zweckmäßig arrangiert werden müssen. Das Miteinander von Bequemlichkeit und nützlicher Ordnung schaffen eine gute Lernatmosphäre.

TIPP
Der Arbeitsplatz ist immer aufgeräumt. Wichtige Lernutensilien liegen griffbereit. Störende und ablenkende Gegenstände sind nicht in greifbarer Nähe!

a) **Die Lernumgebung**
Auf dem **Schreibtisch** sollte sich alles befinden, was man zum Lernen braucht: verschiedene Stifte, Textmarker, Lineal, Radiergummi, Spitzer, Schmierpapier. Auch der Papierkorb sollte unter dem Tisch stehen, damit nicht mehr Benötigtes sofort entsorgt werden kann und den Arbeitsplatz nicht wieder unübersichtlich werden lässt. Außerdem ist es wichtig, dass der Arbeitsplatz immer derselbe ist. Er wird als Lernort vorbereitet und soll daher als solcher genutzt werden. Ablenkung sollte es dort nicht geben. Die Voraussetzung für die nötige Konzentration ist somit geschaffen.
Um das Gehirn optimal mit Sauerstoff zu versorgen, bietet es sich an, vor dem Lernen und zwischendurch zu **lüften.** Der Raum sollte zudem die richtige Temperatur haben (zwischen 20° und 22° C). Um entspannt arbeiten zu können, empfiehlt es sich, den Schreibtisch ans Fenster zu stellen und die **Schreibtischlampe** richtig zu positionieren: bei Rechtshändern links, bei Linkshändern rechts. So werden die Augen nicht überanstrengt.
Hungrig und durstig lernt es sich nicht gut, da die Gedanken leicht ums **Essen/Trinken** kreisen. Nach dem Essen sollte man allerdings nicht sofort lernen, da das Blut, das den Sauerstoff ins Gehirn transportiert, dann für die Verdauung gebraucht wird und schwerer ins Gehirn gelangt („Mittagstief“).
Es kann die Motivation stärken, immer nur die **Unterlagen** auf dem Tisch zu haben, die man für das jeweilige Fach benötigt. Zum einen geht weniger Platz verloren und zum anderen sieht man nicht unmit-

telbar alle anfallenden Aufgaben (einen Berg von Aufgaben) vor sich. Bearbeitete Materialien sollten, wenn sie nicht mehr benötigt werden, weggeräumt werden.

b) Die richtige Zeit zum Lernen

Wissenschaftler haben herausgefunden, dass die optimale Lernzeit von 9 – 12 Uhr und von 16 – 19 Uhr ist. Dazwischen liegt das „Mittagstief". Man sollte sich also den Tagesablauf so einteilen, dass man diese Kernzeit des Lernens optimal nutzen kann.

Wichtig ist auch, zwischen den einzelnen Lerneinheiten eine kleine Erholungspause einzuplanen. Die effektive Lernzeit bleibt dieselbe wie ohne Pausen, denn der Lernstoff wird nach einer kurzen Entspannung besser aufgenommen und das Gehirn konnte die Informationen in der Zwischenzeit verarbeiten.

Ist für mehrere Fächer etwas zu lernen, sollten die Fachgebiete abgewechselt werden. Es kommt leicht zu Verwechslungen, wenn man für zwei Sprachen unmittelbar nacheinander lernt. Es bietet sich an, Naturwissenschaften mit Berechnungen dazwischenzuschieben. Auch das Abwechseln von mündlichen und schriftlichen Aufgaben ist effektiver. In jedem Fall sollte für ein großes Lernpensum ein Plan (kurz- oder längerfristig) angelegt werden, der eingehalten werden kann. Im Falle der Abschlussprüfung ist es ratsam, den Lernplan über mehrere Monate zu verteilen und von Zeit zu Zeit Wiederholungseinheiten einzufügen. Bei einem kurzfristigen Plan ist auf die Einhaltung von Pausen zu achten.

8.3 Visualisieren des Lernstoffs

a) Lernplakate

Das Visualisieren, also Sichtbarmachen von Informationen kann helfen, viele Informationen miteinander in Verbindung zu bringen und sie sich im Gesamtzusammenhang zu merken. Verknüpft man Bilder und Texte zu einem bestimmten Thema auf einem Plakat, kann man sich dieses ins Zimmer hängen und gegebenenfalls nachschauen, es ergänzen oder zum Wiederholen nutzen. Allein das Erstellen eines Lernplakats ist schon eine gute Lernübung, da man sich überlegen muss, was man wie anordnet, und die einzelnen Informationen schriftlich wiederholt. Lernplakate eignen sich zum Beispiel für eine

Stoffsammlung zu verschiedenen Erörterungsthemen oder zum Wiederholen von Literaturepochen.

b) Lernkarteien

Sie werden vor allem in den Fremdsprachen genutzt, um Vokabeln zu lernen. In Deutsch lassen sie sich zum Beispiel einsetzen, um Stilmittel abzufragen oder um Epochenmerkmale zu wiederholen. Für eine Lernkartei eignet sich ein selbst gebastelter Karteikasten genauso gut wie ein gekaufter. Man schreibt ein Stichwort (z. B. Alliteration) auf die eine Seite der Karteikarte und die Lösung/ein Beispiel dazu (z. B. Milch macht müde Männer munter) auf die andere.

c) Umgang mit Texten

Um Texte zu erschließen, bietet es sich an, sie in Abschnitte (Sinneinheiten) zu unterteilen und diesen jeweils eine Überschrift zuzuordnen. Diese Grobgliederung verhilft dem Lerner zu einem besseren Überblick. Außerdem sollte man Fragen an den Text stellen (W-Fragen) und die wichtigsten Informationen unterstreichen oder markieren. Es kann auch, je nach Lerntyp, nützlich sein, den Text laut zu lesen (auditiver Lerntyp) oder sich die Handlung bildlich vorzustellen (visueller Lerntyp). Bei literarischen Texten bietet es sich zum Beispiel an, den Aufbau nachzuzeichnen (Spannungsaufbau, Höhepunkt, Spannungsabfall) oder die Personen zu charakterisieren und einander gegenüberzustellen (z. B. Mann wütend, Frau besorgt: reden aneinander vorbei). In journalistischen Texten werden oft Argumente aufgeführt oder Informationen aufgezählt. Diese kann man in eine Tabelle schreiben (pro/kontra) und bestimmten Oberpunkten zuordnen.

TIPP

Zum Entnehmen von Informationen aus einem Text bietet sich die **5-Schritt-Lesetechnik** an:

1) Text überfliegen
2) Fragen an den Text stellen (W-Fragen)
3) gründliches Lesen des Textes, Beantwortung der Fragen
4) Wichtiges markieren, Informationen zuordnen
5) Notizen überarbeiten, laut vortragen

8.4 Edukinetische Übungen

Die Pädagogische Kinesiologie richtet kinetische (Bewegungs-)Übungen dafür aus, dass man damit das Lernen unterstützen kann. Sie bietet Konzentrations- und Aktivierungsübungen, aber auch Beispiele, wie man die Aktivität der beiden Gehirnhälften verknüpfen kann, um alle Sinne für das Lernen zu nutzen. Natürlich ist die Konzentrationsfähigkeit individuell unterschiedlich. Die Kinesiologie versucht, dort anzuknüpfen, wo der Mensch Unterstützung braucht, weil er sich in einer besonderen Situation (z. B. Prüfungsvorbereitung) befindet.

a) **Für den Übergang von einer Situation zur nächsten**

Diese Übung bietet sich an, wenn man beim Lernen zu einem anderen Fachbereich wechselt oder um eine Lernpause sinnvoll zu nutzen.

Man sitzt aufrecht und entspannt. Eine Hand wird an den Hinterkopf gelegt, sodass sie seine Form beschreibt. Die Vorderhand wird so an die Stirn gelegt, dass der Daumen sowie der Zeige- und Mittelfinger jeweils die Stirnhöcker (Erhebungen über den Augenbrauen) berühren. Die Augen werden geschlossen. Man sollte sich von der gegenwärtigen Situation mental verabschieden und sich auf die nächste geistig vorbereiten. Ruhiges, bewusstes Atmen kann helfen. Für diese Übung sollte man sich einige Minuten Zeit nehmen, denn es ist wichtig, dass man seinen Körper bewusst wahrnimmt.

b) **Konzentrationsübung**

Diese Übung kann im Stehen absolviert werden. Wichtig ist, dass die Stützkraft der Füße bewusst wahrgenommen wird. Eine Hand deckt die Nabelgegend ab. Der Zeigefinger der anderen Hand berührt die Körpermittellinie über der Oberlippe, der Mittelfinger berührt den Gegenpunkt unter der Unterlippe. Diese drei Punkte sollten gleichzeitig massiert werden. Immer nach einer halben Minute tauschen die Hände die Position.

c) **Die Cook-Übung**

Diese Übung erfolgt ohne Schuhe im Sitzen auf einem Stuhl oder auf dem Boden. Rechtshänder halten mit der rechten Hand ihr linkes Bein gerade über dem Fußgelenk, welches über dem Kniegelenk auf dem Oberschenkel des rechten Beines liegt. Linkshänder absolvieren die Übung gegengleich.

Mit der linken Hand wird der vordere Teil des linken Beines umfasst, am besten mit der Handfläche auf der Fußsohle. In dieser Haltung muss man einige Zeit ruhig verweilen und sich auf die Atmung und diese Körperhaltung konzentrieren. Danach kann die Stellung gewechselt und mehrmals wiederholt werden.

TIPP

Edukinetische Übungen können das Lernen nur unterstützen, wenn man sie bewusst ausführt und ernst nimmt. Es bedarf eventuell einiger Übung, ehe man die Anwendungen richtig beherrscht und gewinnbringend einsetzen kann. Es lohnt sich also, sich die Zeit zu nehmen, um seine Konzentrationsfähigkeit zu verbessern.

9 Sprachentwicklung

Die Sprache ist das wichtigste Kommunikationsmittel. Sie ist das Kennzeichen einer ethnischen Einheit: Die Deutschen sprechen deutsch, die Italiener italienisch usw. Wenn man die Sprache eines Landes nicht beherrscht, muss man sich nonverbal unterhalten: durch Gestik und Mimik. Verschiedene Sprachen haben eine gemeinsame Sprachwurzel: Italienisch, Spanisch, Französisch, Portugiesisch und Rumänisch sind romanische Sprachen und haben Latein als Ursprung. Es gibt auch Sprachen mit germanischem Ursprung und andere. Sie alle entstammen einer Urform der Sprache, die als das Indogermanische oder auch Indoeuropäische bezeichnet wird.

9.1 Indogermanisch

Indogermanisch ist die Bezeichnung für die östlichste und westlichste Sprache eines bestimmten Sprachgebiets. Man geht davon aus, dass eine sogenannte Urgemeinschaft eine gemeinsame Verkehrssprache hatte, das Indogermanische. Sie erstreckt sich vom heutigen Asien nach Europa und ist immer wieder als gemeinsame Wortwurzel zu finden. Man vergleicht zum Beispiel Tier- und Pflanzenbezeichnungen. Das Wort „Lachs“ tritt im Germanischen, Baltischen und Slawischen auf. Im Tocharischen wird das indogermanische *laksos* allgemein für den Fisch verwendet. Da bekannt ist, dass dieser Fisch nur in nördlichen Flüssen (Weichsel, Oder, Elbe) vorkommt, kann auch die Heimat der Indogermanen in diesem Gebiet vermutet werden. Die ersten belegten Formen des Indogermanischen stammen aus dem 2. Jahrtausend vor Christus: das Hethitische, das Griechische und das Altindische. Sie sind vollentwickelte Einzelsprachen mit gleichen Merkmalen.

9.2 Germanisch

Das Germanische ist, wie das Indogermanische auch, nicht belegt. Es kann nur rekonstruiert werden. Eine germanische Sprache ist eine

Sprache, die die erste Lautverschiebung mitgemacht hat: Unter anderem wurden die Laute „p, t, k“ (Explosive) zu „b, d, g“ (stimmlose Reibelaute). „Germanen“ ist die Sammelbezeichnung für verschiedene Stämme und Volksverbände. Durch die Völkerwanderung (5. Jahrhundert nach Christus) wechselten sie ihren Lebensraum. Man unterscheidet die *Nordgermanen* (verbreitet von Südskandinavien bis Island), die *Ostgermanen* (im Oder-Weichsel-Raum: Vandalen, Goten, Burgunder), die *Elbgermanen* (mittlere Elbe: Alemannen, Langobarden, Markomannen), *Weser-Rhein-Germanen* (spätere Hessen und Franken) und die *Nordseegermanen* (Friesen, Angeln, Sachsen).

Sprache ist lebendig und entwickelt sich weiter. Durch den Kontakt zu anderen Völkern gelangten neue Wörter in die Sprache (z. B. von den Römern und Kelten): z. B. „Zwiebel“ von lat. *cibola,* „Pfeil“ von lat. *pilum*. Diese Wörter bezeichnet man als *Lehnwörter*.

9.3 Althochdeutsch

Im 6. – 8. Jahrhundert nach Christus fächert sich die germanische Sprache auf. Es kommt zu einer zweiten Lautverschiebung, die aber nicht alle germanischen Sprachen mitmachen. Die germanischen Laute „p, t, k“ werden zu „pf, tz, kch [ch]“ bzw. zu „ff, zz, hh“. Beispiel: Das gotische Wort „kaurn“ wird nun als „chorn“ (Korn) ausgesprochen; das englische „help“ wird zu „helpfan“. Diese Lautverschiebungen geschehen nicht bewusst, sondern entstehen im Sprachgebrauch. Nicht alle Sprachen (wie z. B. das Englische) machen diesen Sprachwandel mit. Für das Gebiet des heutigen Deutschlands ist er aber kennzeichnend, daher wird diese Sprachstufe als althochdeutsch bezeichnet. Die **Straßburger Eide** von *Karl dem Kahlen* und *Ludwig dem Deutschen* von 843 (ein früher Nichtangriffspakt) sind mit die ältesten Zeugnisse der altfranzösischen und althochdeutschen Sprache, die verschriftlicht wurden.

Die gängige Schrift- und Wissenschaftssprache dieser Zeit ist das Lateinische. Das Althochdeutsche bleibt also dem mündlichen Sprachgebrauch im nicht-wissenschaftlichen Bereich vorbehalten. Außerdem gibt es im lateinischen Alphabet nicht immer die Buchstaben, um die althochdeutschen Laute auszudrücken. Ab dem 8. Jahrhundert entstehen aber Glossare, werkbezogene Wortlisten, die das lateinische und das althochdeutsche Wort gegenüberstellen (→ Kapitel 5.3 Althochdeutsche Dichtung).

9.4 Mittelhochdeutsch

Um 1050 sind bestimmte Lautwandelerscheinungen abgeschlossen, z. B. die Abschwächung von Vollvokalen in unbetonten Neben- und Endsilben; aus „sk" ist nun der Laut „sch" geworden. Aus der mittelhochdeutschen Literatur ist viel erhalten und daher ergibt sich auch eine große Anzahl an Sprachproben. Während im Althochdeutschen viel Wert auf christliche Literatur für Gelehrte gelegt wird, hat der Dichter des Mittelhochdeutschen im Adel ein neues Publikum und muss seine Texte in der Volkssprache verfassen. Im Mittelhochdeutschen ist ein Wechsel des Stammsilbenvokals kennzeichnend, der sogenannte Ablaut (Beispiel: Huhn, Hahn und Henne haben dieselbe Wortwurzel, werden aber situationsgemäß verwendet). Aus ahd. *ritan* wird mhd. *riten,* aus ahd. *werfan* wird mhd. *werfen.* Die Sprache entwickelt sich noch weiter: unbetonte Silben werden weggelassen (z. B. *gelücke* → nhd. *Glück;* mhd. *frouwe* → nhd. *Frau*). Diphthonge verändern sich („ou" wird zu „au"), der Laut „s" wird vor Konsonanten als „sch" ausgesprochen (z. B. *slüzzel* → *Schlüssel*) usw.

9.5 Frühneuhochdeutsch

Die Entwicklung zum Frühneuhochdeutschen, der Sprache, die 1350 bis 1650 gesprochen wird, verläuft auf verschiedenen Ebenen. Durch die mittelalterliche Ostsiedlung erweitert sich der deutsche Einflussbereich und somit auch das Sprachgebiet. Der Niedergang der zentralen kaiserlichen Reichsmacht lässt den Städten mehr Spielraum. Diese entwickeln sich zu Wirtschaftszentren mit großem Schreibbedarf, der in Kanzleien und Schreibstuben gedeckt wird. Es wird Wert auf eine weithin verständliche Sprache gelegt. Gefördert wird diese „schreibselige Zeit" durch die Erfindung des Buchdrucks, der die Verbreitung des Geschriebenen erleichtert und ein vielschichtiges Publikum erreicht, und durch die Ablösung des teuren Pergaments durch Papier. Ein wichtiges Schriftzeugnis der Zeit ist Luthers Bibelübersetzung. Das Alte Testament stand ihm in Hebräisch zur Verfügung, das Neue Testament in Griechisch. Luther fertigt eine Bibelübersetzung in der Volkssprache

(Frühneuhochdeutsch) an und übersetzt die Vorlagen somit nicht wortwörtlich. Im Frühneuhochdeutschen vervollkommnen sich die Lautveränderungen, die bereits in der mittelhochdeutschen Zeit begonnen haben. Aus „i, û, iu" werden die Laute „ei, au, eu" (Beispiel: *mîn niuwes hûs → mein neues Haus*), Kurzvokale werden gedehnt, Langvokale gekürzt, Diphthonge werden monophthongiert (*liebe guote brüeder → liebe gute Brüder*). Der Buchstabe „y" hält als modischer Ersatz für „i" und „j" Einzug in die Schriftsprache, ebenso wie die Virgeln, Schrägstriche, als Vorläufer des Kommas.

Das Frühneuhochdeutsche endet nach dem Dreißigjährigen Krieg. Durch die Ausrichtung der Höfe am Absolutismus hält das Französische Einzug und beeinflusst die Sprachentwicklung erneut. Die Sprache, die wir heute sprechen und die sich seit dem 17. Jahrhundert entwickelt hat, nennt man das **Neuhochdeutsche.**

9.6 Sprachwandel

Die neuhochdeutsche Sprache ist einem ständigen Wandel unterworfen. Neue Wörter kommen aus anderen Sprachen hinzu oder weil neue Dinge erfunden werden, die eine Erweiterung des Wortschatzes nötig machen. Viele Wörter werden aus anderen Sprachen (vor allem dem Englischen) übernommen und nicht eingedeutscht, andere werden an die Wortbildung der deutschen Sprache angepasst.

Im Allgemeinen unterscheidet man

- ***Lehnwörter:*** Sie haben sich in Laut und Form der deutschen Sprache angeglichen, z. B. *Fenster* von *fenestra* (lat.) oder *Streik* von *strike* (engl.).
- ***Fremdwörter:*** Sie haben sich in Laut und Form der deutschen Sprache nicht oder nur zum Teil angepasst, z. B. *Teenager, Bestseller, Champion, Job.*
- ***Lehnbedeutung:*** Ein Wort bekommt durch den fremdsprachlichen Einfluss eine andere Bedeutung, indem es mit dem Fremdwort gleichgesetzt wird, z. B. lat. *legere = aufsammeln;* im Deutschen: *lesen*, aber für *aufsammeln* gibt es das Wort: *auflesen.*

Manchmal wird es nötig, neue Wörter zu bilden, weil der technische Fortschritt oder andere Erfindungen dies nötig machen. Ein Beispiel dafür ist das Wort *simsen,* das in der Umgangssprache häufig gebraucht wird. Mit der Zunahme von SMS als Mittel der Kommunikation zwischen den Menschen, brauchte man ein Wort, das das Schreiben einer SMS kurz ausdrückt. An das Wort SMS wurde die Verbendung angehängt (-en) und zur besseren Aussprache ein „-i" eingefügt: *simsen.* Wird das Wort in den Duden aufgenommen, ist es offiziell ein allgemein gültiges neues Wort; es gilt als lexikalisiert.

Die Sprache verändert sich ständig, nicht nur durch fremdsprachliche Ausdrücke. Die Menschen verwenden vor allem in der Alltagsprache oft andere Begriffe, um etwas auszudrücken, als in der Schriftsprache. Vor allem die Jugendsprache ist in puncto Sprachwandel sehr aktiv. Ein sympathischer Mensch galt um 1910 als „knorke", in den 1950ern als „dufte", in den 1970ern als „klasse", „toll", in den 1980ern als „hypergeil" und in den 1990ern als „cool". Für dieselbe Bedeutung gab es in den unterschiedlichen Epochen verschiedene Bezeichnungen. Die jugendsprachlichen Bezeichnungen „knorke" und „dufte" sind aus dem aktiven Wortschatz der Menschen heute wieder verschwunden. Sie waren **Modeerscheinungen** in der Sprache.

9.7 Bedeutungswandel

Die Bedeutung von Wörtern hat sich im Laufe der Jahrhunderte ebenfalls gewandelt. Man unterscheidet zwischen

- ***Bedeutungserweiterung:*** z. B. *Reise:* Im Mittelalter bedeutete das Wort *Ausflug,* heute ist eine Reise ein Urlaub auf bestimmte Zeit, dauert aber länger als ein Ausflug.
- ***Bedeutungsverengung:*** Das Wort *fahren* meinte im Mittelalter „Fortbewegung in jeglicher Art". Heute verbindet man das Wort mit einer Fortbewegung mit einem Fahrzeug. Die Bedeutung des Wortes ist also eingeschränkt worden.
- ***Bedeutungsverbesserung:*** Die Bedeutung des Wortes ist heute mit positiven Konnotationen verbunden: Der *Minister* ist von der ursprünglichen Wortbedeutung her ein *Diener, Knappe* und hat laut seiner heutigen Interpretation ein hohes politisches Amt.
- ***Bedeutungsverschlechterung:*** Das Wort *Weib* war im Mittelalter ein Synonym für *Frau* und ist heute als Bezeichnung für eine Frau eher abwertend.

Zitiert nach Praxis Deutsch, 189/2004, S. 41.

Glossar

Adressat: Person/Zielgruppe, an die sich ein bestimmter Text richtet

Anfrage: sachlicher Brief mit der Bitte um Informationen zu einem bestimmten Thema

Appell: Aufruf mit der Absicht, die Leser zum Handeln zu motivieren

Basisinformation: sehr knappe inhaltliche Zusammenfassung eines Textes, häufig auch Basissatz oder Kernaussage genannt

Bürgerliches Trauerspiel: In der Aufklärung rückt das Bürgertum stärker in den Fokus der Dichter. Bürger sind nun neben dem Adel wichtige Protagonisten im Drama.

Charakterisierung: sprachliche Beschreibung einer Textfigur nach äußeren und inneren Merkmalen

Diagramm: grafische Darstellung von Zahlen und Zusammenhängen zu einem bestimmten Thema

Dramatik: eine der drei Literaturgattungen; gekennzeichnet durch Dialoge und Monologe; Dramen sind dafür gedacht, auf der Bühne dargeboten zu werden

Epos: eine epische Großform, die von einem bedeutenden Ereignis berichtet; bevorzugte Dichtart des Hochmittelalters (Ritterepos)

Epik: eine der drei Literaturgattungen; erzählende Form, die im Fließtext verfasst wird; kann weiter unterteilt werden in Großformen (Roman) und Kleinformen (Sage, Fabel, Märchen ...)

Erörterung: argumentative Aufsatzform

Intention: beabsichtigte Wirkung eines Textes

Journalistische Texte: Texte, die beispielsweise in Zeitungen oder Zeitschriften abgedruckt werden (Bericht, Reportage etc.)

Layout: optische Gestaltung eines Textes

Leserbrief: Brief an eine Zeitung oder Zeitschrift, der sich auf einen Presseartikel bezieht und zu diesem subjektiv und kritisch oder wohlwollend Stellung nimmt

Literaturepoche: bezeichnet eine Zeitspanne, in der verschiedene Dichter ihre Werke in der gleichen Geisteshaltung verfasst haben

Lyrik: eine der drei Literaturgattungen; Gedichte sind in Strophen und Verse unterteilt. Zumeist halten sich die Dichter an strenge Vorgaben, wie z. B. das Reimschema und das Versmaß. Moderne Gedichte sind oft in freien Rhythmen verfasst. Das lyrische Ich darf nicht mit dem Dichter gleichgesetzt werden.

Lesetechnik: Methode, um Inhalte von Texten schneller zu erfassen und zu verarbeiten

Präsentationstechniken: Techniken, die bei einem Referat, einem Vortrag eingesetzt werden, und der Veranschaulichung des Gesagten dienen

Quelle: Autor, Verlag, Erscheinungsort und Erscheinungsjahr/-datum eines Textes

Schlüsselbegriffe: Wörter, die die Art der Themenstellung eingrenzen bzw. inhaltliche Aspekte des Themas verdeutlichen

Sprachgeschichte: Die Geschichte der deutschen Sprache ist eng mit der deutschen Literaturgeschichte verbunden. Die Werke einer Epoche sind in der jeweiligen Sprachstufe verfasst und somit eine wichtige Quelle für die Sprachforschung und für Historiker.

Stoffsammlung: spontane Notizen zu einem bestimmten Thema

Stoffordnung: Ordnen der Notizen nach inhaltlichen Aspekten

Textanalyse: Analyse eines Textes beispielsweise hinsichtlich seines Inhaltes, seiner Sprache, seiner Wirkung

Themenanalyse: Zerlegung des Erörterungsthemas in seine Bestandteile, um Schlüsselbegriffe und die Art des Themas zu erfassen

Überleitung: Konjunktionen oder sprachliche Wendungen, die Teile eines Textes miteinander verknüpfen

Zitieren: wörtliche Wiedergabe und Kennzeichnung von Aussagen anderer Autoren

Stichwortverzeichnis